般若心経を読みとく

二六二文字の仏教入門

竹村牧男

角川文庫
20452

はじめに

日本には多くのお寺があり、仏像や仏画など、仏の深い慈悲の心を表現する魅力的な文化財は数えきれないほど存在しています。寺院建築そのものや庭園にも、心の落ち着きをもたらすような静謐《せいひつ》な宇宙を見出《みいだ》すことができます。奈良や京都などのいくつかの古い寺院群は、世界文化遺産として観光の名所ともなっています。

それらの伝統的な文化財は、実にすばらしいものですが、私は仏教のその教え自体が、人間のいのちの秘密、生死の実相を明かす智慧《ちえ》に満ちたものとして、大変すばらしい哲学でありまた宗教であると思っています。それこそ、「世界無形遺産」とでも言うべきものです。

仏教の文化財ははるか過去に成ったものであっても、今に人々の心をとらえてやまないように、仏教の教えもまた、仮に遺産とはいうものの、今も人々のこの世の生き方を導いてやまないものです。それは、一切皆苦の現実を、最も深い地平において乗り越えていく道を示しているからでしょう。紀元前三八三年に亡くなられたという釈尊が語った言葉は、さまざまな経典に伝承され、あるいは受け継がれて、絶望に沈む人々の支えとなってきました。

実は西暦紀元前後に世に現れてきた大乗仏教は、釈尊の説法ではありえないという見方があります。歴史的には、確かにそうでしょう。しかし大乗仏教の信奉者は、その教えは釈尊以外の者の説けるものではない、まさに釈尊の説法の言葉の、さらに奥に隠れたものを明るみに出したものなのだ、と言いたかったことと思われます。いずれにしても仏教という、「悟った人＝覚者の教え」は、私たち凡夫にはおよそ見えなかったものを見えるように、はたらきかけてくれるのです。

その大乗経典には、『法華経』、『華厳経』等、さまざまなものがあるのですが、もっとも根本になるのは『般若経』です。般若とは、深い智慧のことです。ただし特に『般若経』の「般若」のより詳しい意味は、般若波羅蜜多、プラジュニャーパーラミターという、智慧の修行のことです。波羅蜜多とは、まずは勝《すぐ》れた修行の徳目と見ておけばよいでしょう。般若波羅蜜多は、布施《ふせ》・持戒《じかい》・忍辱《にんにく》・精進《しょうじん》・禅定《ぜんじょう》・智慧の六波羅蜜多の一つであり、中でも最重要の波羅蜜多にほかなりません。この般若波羅蜜多こそが一切の苦を越える道であると説くのが、『般若経』なのです。

一口に『般若経』と言っても、実はさまざまな種類の般若経典があるのですが、いわばそのすべてを集約して示したものが『般若心経』です。その簡潔さから、古来、多くの人々に親しまれてきました。きっと『般若経』全体の無量の功徳が、すべてそこに詰まっていることでしょう。この『般若心経』を何回もないし一回だけでも読誦《どくじゅ》すれば、あるいは黙念すれば、その功徳に浴することは間違いないことだろうと思われます。

もっとも、『般若心経』は確かに簡略なものではあるのですが、そこで用いられている言葉は、すべて仏教術語と言って差し支えありません。経典としての分量はきわめて短いものの、そこには含蓄の深い術語があふれており、これを精確に読むには仏教学の正しい知識が必要になります。『般若心経』といえば、「色即是空・空即是色」の言葉が大変有名ですが、その色とは、カラーの色のことではなく、仏教に説く色受想行識という五蘊《うん》の中の色のことなのであり、基本的には五根（五つの感覚器官。眼・耳・鼻・舌・身）と五境（五つの感覚対象。色・声・香・味・触）と意識の対象としての物質的なもの（法処所摂色）とを意味しているのです。また空とは無とも異なって、現象としてはあるもののその本体はないあり方をいうものです。そのように、色にしても空にしても、あるいはまた不生・不滅にしても涅槃《ねはん》にしても、その語には大乗仏教教理の中での明確な概念があるのであり、まずはその行き届いた理解が必要です。

そのような事情をふまえ、本書では仏教学の知識に基づく精確な解説を心がけてみました。このことによって、『般若心経』のより深い理解が得られるのみならず、仏教思想の基本的な知識が得られることにもなり、本書は仏教入門書にもなっていると思います。その意味では本書を、『般若心経』の真実に迫りたい方々のみでなく、そもそも仏教は何を説こうとしていたのかを知りたい方々にも手に取っていただければと思う次第です。

【原漢文】

〔摩訶《まか》〕般若波羅蜜多心経《はんにゃはらみったしんぎょう》

唐三蔵法師玄奘訳《とうさんぞうほうしげんじょうやく》

観自在菩薩《かんじざいぼさつ》、行深般若波羅蜜多時《ぎょうじんはんにゃはらみったじ》、照見五蘊皆空《しょうけんごおんかいくう》、度一切苦厄《どいっさいくやく》。
舎利子《しゃりし》、色不異空《しきふいくう》、空不異色《くうふいしき》、色即是空《しきそくぜくう》、空即是色《くうそくぜしき》。受想行識《じゅそうぎょうしき》、亦復如是《やくぶにょぜ》。
舎利子《しゃりし》、是諸法空相《ぜしょほうくうそう》、不生不滅《ふしょうふめつ》、不垢不浄《ふくふじょう》、不増不減《ふぞうふげん》。
是故空中《ぜこくうちゅう》、無色《むしき》、無受想行識《むじゅそうぎょうしき》。
無眼耳鼻舌身意《むげんにびぜっしんい》、無色声香味触法《むしきしょうこうみそくほう》。
無眼界《むげんかい》、乃至《ないし》、無意識界《むいしきかい》。
無無明《むむみょう》、亦無無明尽《やくむむみょうじん》、乃至《ないし》、無老死《むろうし》、亦無老死尽《やくむろうしじん》。
無苦集滅道《むくしゅうめつどう》。
無智《むち》、亦無得《やくむとく》。

以無《いむ》所得故《しょとくこ》、菩提薩埵《ぼだいさった》、依《え》般若波羅蜜多故《はんにゃはらみったこ》、心無《しんむ》罣礙《けいげ》。
無《む》罣礙故《けいげこ》、無有恐怖《むうくふ》、遠離《おんり》［一切《いっさい》］顚倒夢想《てんどうむそう》、究竟涅槃《くきょうねはん》。
三世《さんぜ》諸仏《しょぶつ》、依《え》般若波羅蜜多故《はんにゃはらみったこ》、得阿耨多羅三藐三菩提《とくあのくたらさんみゃくさんぼだい》。
故知《こち》般若波羅蜜多《はんにゃはらみった》、是《ぜ》大神呪《だいじんしゅ》、是《ぜ》大明呪《だいみょうしゅ》、是《ぜ》無上呪《むじょうしゅ》、是《ぜ》無等等呪《むとうどうしゅ》。能除《のうじょ》一切苦《いっさいく》、真実《しんじつ》、不《ふ》
虚故《ここ》。
説《せつ》般若波羅蜜多呪《はんにゃはらみったしゅ》、
即説呪曰《そくせつしゅわつ》、掲帝《ぎゃてい》、掲帝《ぎゃてい》、般羅《はら》掲帝《ぎゃてい》、般羅《はら》僧掲帝《そうぎゃてい》、菩提《ぼじ》、僧莎訶《そわか》。

【訓読】

観自在菩薩、深般若波羅蜜多を行ぜし時、五蘊は皆な空なりと照見し、一切の苦厄を度したもう。

舎利子よ、色は空に異ならず、空は色に異ならず、色は即ち是れ空なり、空は即ち是れ色なり。受想行識も亦復《ま》た是《かく》の如し。

舎利子よ、是の諸法は空相にして、生ぜず滅せず、垢ならず浄ならず、増せず減ぜざるなり。

是の故に、空の中、色は無く、受・想・行・識も無し。

眼・耳・鼻・舌・身・意も無く、色・声・香・味・触・法も無し。

眼界も無く、乃至、意識界も無し。

無明も無く、亦た無明の尽きることも無く、乃至、老死も無く、亦た老死の尽きることも無し。

苦・集・滅・道も無し。

智も無く、亦た得も無し。
所得無きを以っての故に、菩提薩埵は、般若波羅蜜多に依るが故に、心に罣礙無し。
罣礙無きが故に、恐怖有ること無く、一切の顛倒夢想を遠離し、涅槃を究竟す。
三世の諸仏は、般若波羅蜜多に依るが故に、阿耨多羅三藐三菩提を得たもう。
故に知るべし、般若波羅蜜多は是れ大神咒なり、是れ大明咒なり、是れ無上咒なり、
是れ無等等咒なり。能く一切の苦を除き、真実にして、虚ならざるが故に。
般若波羅蜜多咒を説かん、
即ち咒を説いて曰く、掲帝、掲帝、般羅掲帝、般羅僧掲帝、菩提、僧莎訶。

【現代語訳】

観自在菩薩は、甚だ深い般若波羅蜜多なる智慧の行を行じているとき、世界には人間および世界を構成している物質的・精神的の五つの要素（五蘊）があり、それらはすべて各々、自らの自体、本体を持つものではない（空）と照見され、その智慧によって一切の苦しみ、災厄を救われました。

智慧《ちえ》第一と言われる舎利弗《しゃりほつ》よ、その五つの要素の第一、物質的要素（色）は本体を持たないあり方（空性）と異なるものでなく、本体を持たないあり方（空性）は、その物質的要素（色）と異なるものではないのです。物質的要素は即ち本体を持たないあり方そのものであり、本体を持たないあり方は即《すなわ》ち物質的要素そのものなのです。このことは、五つの要素の中の他の要素、精神的要素としての、感情（受）・認知（想）・意志（行）・知性（識）も、同様です。

舎利弗よ、これらの諸法は、空性を特性としているのであり、したがって、生ずることもなく滅することもなく、垢《よご》れているのでもなく浄《きよ》らかなのでもなく、増えるのでもなく減るのでもありません。

したがって、この空性においては、五つの要素（五蘊）の中の色も無いし、受・想・行・識もありません。

十二の要素（十二処）の中、六つの器官（六根）の眼・耳・鼻・舌・身・意も無いし、六つの対象（六境）の色・声・香・味・触・法もありません。

十八の要素（十八界）の中、六つの器官（六根）の最初の眼界も無いし（そのあと、五根・六境・五識すべて無いし）、六つの感覚、知覚の最後の意識界もありません。

また、十二縁起説の初めの無明も無いし、その無明が尽きることもありません。（途中のすべても同様であり、）終りの老死も無いし、その老死が尽きることもありません。

四諦、すなわち苦諦・集諦・滅諦・道諦もありません。

さらに、智というものも無いし、得ることも無いのです。得ることは何も無いが故に、大乗仏教徒である菩薩は、般若波羅蜜多に拠《よ》ることにより、心に障りが無くなります。

心に障りが無くなるので、恐怖が無く、一切の、さかさまである虚妄な認識をはるかに離れて、涅槃に住することになるのです。

過去世・未来世・現在世の三世の諸々《もろもろ》の仏たちは、この般若波羅蜜多に拠って、阿耨多羅三藐三菩提すなわちこの上ない正しい覚《さと》り（無上正等覚）を現証するのです。ですから、この般若波羅蜜多（を説く『般若経』こそ）が、偉大なすばらしい真言なのであり、偉大なる覚りの智慧の真言なのであり、この上ない真言なのであり、比べるべきもののまったくない優れた真言なのであり、それは人間の一切の苦しみを除くことが出来るものなのです。それこそ真実のことにして、なぜなら、虚《むな》しからざるものだからにほかなりません。

最後に、その般若波羅蜜多を讃《たた》える真言を授けましょう。それは次のようです。

ガテー、ガテー、パーラガテー、パーラサンガテー、ボーディ、スヴァーハ

般若心経を読みとく　二六二文字の仏教入門　目次

第一章　般若心経とは何か

玄奘訳が流布したわけ

『般若心経』には、サンスクリット語の原文が伝えられています。法隆寺《ほうりゅうじ》にはその最古のものが保存されていたとのことです。我々が親しんでいる漢訳の『般若心経』は、翻訳僧が漢訳したものとして、その訳者は玄奘三蔵《さんぞう》（六〇〇〜六六四）とされています。あの『西遊記』で有名な三蔵法師です。『西遊記』はもちろんフィクションですが、玄奘三蔵は実在しました。カシュミールやナーランダーなど、インドに二十年近く滞在、遊学して、仏教に関するおびただしい文物を中国に持ち帰り、精力的に翻訳活動を行い、唯識思想を研鑽《けんさん》する法相宗《ほっそう》の基を築きました。あの六百巻の『大般若経』も、玄奘の翻訳です。

一般に経典は、『法華経』など、鳩摩羅什《くまらじゅう》訳の方が流布しています。訳文が美しく流れるようで、たとえ玄奘があらためて文献に忠実に、正確に訳出しても、それにとってかわられることはなかったのです。玄奘訳を新訳、それ以前を旧訳といいますが、概して流布している経典は、旧訳の方が多いのです。

しかし『般若心経』だけは、玄奘訳が流布しています。他にもいくつか、『般若心経』の漢訳はあるのですが（このことについては、中村元《なかむらはじめ》・紀野《きの》一義《かずよし》訳注『般若心経・金剛般若経』岩波文庫の解題その他を参照ください)、最もポピュラーなのは、玄奘訳とされるものです。玄奘自身がインドに行く途中、大砂漠で悪鬼に囲まれたとき、この経典を読誦することによって退散させることができたといいます(玄奘はインドに行く前に『般若心経』を知っていた!?)。そういうエピソードが関わってか、玄奘訳がひとえに用いられています。

般若経の核心

では、『般若心経』の解説を、その題号(経典の題)から始めることにしましょう。その詳しい題号は、「摩訶般若波羅蜜多心経」です。摩訶、マハーは、偉大なということ。なお、この摩訶の語は、玄奘訳《げんじょうやく》には本来はありません(流布本にはついています)。

般若波羅蜜多は、大乗仏教の基本的な修行である六波羅蜜《はらみつ》、布施《ふせ》・持戒《じかい》・忍辱《にんにく》・精進《しょうじん》・禅定《ぜんじょう》・智慧《ちえ》の中の一つ、智慧波羅蜜を意味すると思われることでしょう。般若は智慧のことです。ただし、この題号、「般若波羅蜜多心」を『般若経』の精要、核心と見る場合は、その般若波羅蜜多の語は、般若波羅蜜多の修行こそが大事であることを説く『般若経』という経典の名前のことになります。というのも、『般若経』は、「プラジュニャーパーラミター」というのが、その名前なのです。したがって、「摩訶般若波羅蜜多」は、偉大なる『般若経』ということになります。

実は『般若経』といっても、そういう一つの経典があるわけではありません。実際には、『八千頌般若経』（『道行般若経』、『小品般若経』等）や『二万五千頌般若経』（『放光般若経』、『大品般若経』等）、『金剛般若経』等々、『〇〇般若経』というのがいくつもあり、『般若経』というのはその総称なのです。玄奘訳の『大般若経』は、これらの経典を集めて一つにまとめたもので、六百巻という厖大《ぼうだい》なものとなっています。お正月の法会、修正会《しゅしょうえ》でこれを読誦《どくじゅ》することになっていますが、読み切れないので、アコーディオンのようにパラパラパラと開いては閉じて、読んだことにしています。これを転読といいます。

そのように、多くの『〇〇般若経』は、元来、『〇〇プラジュニャーパーラミター』という名前なのであり、般若波羅蜜多はその意味で『般若経』のことを指し示しているといえます。

と同時に、この言葉は六波羅蜜の中の一つをもちろん意味しているわけで、その多重的な意味あいが、経典中では巧《うま》く活用されているように思われます。

般若とは何か、波羅蜜多とは何か、このことには多くの説明が可能なことですが、古来、般若（プラジュニャー）は智慧、波羅蜜多（パーラミター）は、到彼岸と解され、訳されもしました。その意味がさらに問題ですが、このことは本文中でまた説明するとして、今は先を急ぎましょう。なお、波羅蜜多（パーラミター）は、最近よく完成の意と説明されます。語学的に見て、その方がよいというのです。

心経の心とは、もとの語がフリダヤで、元来、心臓を意味するといいます。それはまた、核心、精髄といった意味にもなります。

そうすると、「摩訶般若波羅蜜多心経」は、「偉大な『般若経』の核心を説く経典」ということになります。般若波羅蜜多、智慧波羅蜜を主眼として説く『般若経』のその核心が、ここに述べられているというのです。厖大な『般若経』のすべてが、ここに集約されていると見てよいでしょう。

あの維摩《ゆいま》の方丈に三千大千世界が納まるように、僅々《きんきん》二六二文字のこの経典に、すべての『般若経』が納まっている。宇宙を遍《あま》ねく照らす広大な仏の智慧の光明が納まっているというのです。

大乗経典として、密教経典として

ただし、弘法大師《こうぼうだいし》空海《くうかい》は、『般若心経秘鍵』という『般若心経』の解説書を書いていますが、そこでこの心とは、『陀羅尼集経』に言う「心真言」のことだ、それは、この『般若心経』の終わりに説かれる真言のことであり、すなわち「大心咒」とも呼ばれるもののことを言っているのだとの見解を示しています。この大心咒であり、心真言である、

掲帝　掲帝　般羅掲帝　般羅僧掲帝　菩提　僧莎訶

これが般若心なのであり、それを説く経典が『般若心経』だというのです。密教の立場から見ると、最後の真言に一番の意味がある、その立場からの解釈です。すなわち、『般若心経』は、般若波羅蜜多の（般若波羅蜜多という女尊の菩薩が実はおられる、その）真言こそを説くというところに主眼があったという主張になります。たとえば吉祥眞雄《きつしようしんゆう》『般若心経秘鍵講義』（大正八年刊）にも、このことは明確に指摘されていましたが、特に最近、このことがはっきり自覚されるようになってきました。

しかしこの経典がまた、般若部系の大乗経典としてすでに長い間、用いられてきたことも否定できません。実際、『般若心経』の大半は、『大品般若経』等の中に見られるものですし、『般若心経』は『般若経』の精髄をまとめたものであるという見方も、けっして間違いでもありません。たとえば最後の真言に関して、般若部系の場合は、「般若波羅蜜多（経）にふさわしい真言とは（prajñāpāramitā-yukto mantraḥ）、すなわち……」とあり、密教部系の場合は、「般若波羅蜜多について説かれた真言とは（prajñāpāramitāyām ukto mantraḥ）、すなわち……」とあって、インドやチベットでも『般若心経』はその両方の見方で受けとめられているのです。実際に、インドの複数の注釈にも、『般若心経』は、『大般若波羅蜜多経』の核心（hṛdaya）である、とはっきり言われているとのことです。以上のことは同僚の渡辺章悟《わたなべしょうご》教授のご教示によるものです。ですから、『般若心経』は、確かに密教の経典と見られるとしても、それ以外の解釈は誤りであるというのは、やや狭すぎると思います。

『般若心経』を般若部の大乗経典としてうけとめる場合は、どこまでも、『般若経』が説く般若波羅蜜多において悟られる世界の説明に重点があるでしょう。このとき、真言はその般若波羅蜜多を讃《たた》えることに意味があるのだと思われます。一方、それを密教経典として見る場合は、何よりも真言が最重要であり、本文はその般若呪とも言うべき真言読誦によって到達される世界の説明ということになります。この立場では、般若咒と本文とは薬とその効能書きに喩《たと》えられます。確かに、効能書きよりは、薬そのものの方がより大事に違いありません。

しかし、密教経典としてうけとめる場合でも、その薬は、どういう症状に対して、どのように効くのか、よく了解しておくことは大切です。そういう意味では、ただ真言さえ唱えさえすればそれでよいということにもなりません。やはり本文の説明をよく了解しておくことが必要です。しかもその本文部分は、『大品般若経』等に一致するものを見るのが実情なのです。その本文の思想内容を、深く理解すればするほど、真言読誦の境涯の自覚も深まるものと思われます。もし、そういうことにかかわりなく、ただ真言を唱えさえすればすべての問題が解消するのなら、そもそも効能書きも余計であるということになってしまいます。

　ですから、『般若心経』が大乗経典であれ、密教経典であれ、またその「心」が精髄であれ、真言であれ、本文部分をできるかぎり深く詳しく了解することは、やはり大切なことです。その立場から、私は本書において、主に本文部分の般若波羅蜜多の修証が開示する世界の解明に、私なりに取り組んでいきたいと思っています。ただし、それは唯識《ゆいしき》説なども援用した私の解釈であることをあらかじめお断りしておきます。また、私は密教に入門してはいませんから、密教の詳しい子細は、解りません。ですから、密教文献として解説することは、私の手にあまることとです。密教における解釈については、たとえば空海の『般若心経』の注釈書『般若心経秘鍵』およびその解説書なども参照してください。

　そういうわけで、私は本書においては、さしあたり『般若心経』を大乗の『般若経』の中の一つという見方に基づいて解説していくこととします。もっとも、大乗経典といっても、『般若経』自体が明呪《みょうしゅ》であると説かれたりしたのであり、いわば密教的に用いられる要素もあったのです。ただ、その心は、あくまでも人間にとっての宗教的な意味での障害を除いていくというところにあったと私は思います。

第二章　観音さまの見たもの

観《かん》自《じ》在《ざい》菩《ぼ》薩《さつ》、行《ぎょう》深《じん》般《はん》若《にゃ》波《は》羅《ら》蜜《みっ》多《た》時《じ》、
照《しょう》見《けん》五《ご》蘊《おん》皆《かい》空《くう》、度《ど》一《いっ》切《さい》苦《く》厄《やく》。

観自在菩薩は、甚だ深い般若波羅蜜多なる智慧の行を行じているとき、世界には人間および世界を構成している物質的・精神的の五つの要素（五蘊）があり、それらはすべて各々、自らの自体、本体を持つものではない（空）と照見され、その智慧によって一切の苦しみ、災厄を救われました。

観自在菩薩とは何者か

いよいよ『般若心経』の本文を読んでまいります。その中で、『心経』のものの見方・考え方を把握し、『心経』の核心をつかみ、「心無罣礙《しんむけいげ》」、とらわれ・こだわり・わだかまり、一切の障りを離れた境地を生き抜いていきたいものです。

しかしそのためには、『般若心経』の文句を一つ一つ正しく理解し、了解していかなければならないでしょう。実はこの経典はほとんどすべて、仏教の専門用語、テクニカルタームでうまっています。ですから、それらの言葉の一つ一つの意味をまずしっかりおさえて、それから全体として何を言おうとしているのかを理解し、味わっていくべきだと思われます。

そこでまず、冒頭の「観自在菩薩」から説明してまいります。

いうまでもなくこの菩薩は、いわゆる観音菩薩です。観世音菩薩とも言います。要するに、観音さまです。私たちは、観音さまのことなら、よく知っていると思うことでしょう。何といっても、日本でもっとも広く浸透している仏教信仰は、観音信仰にちがいありません。東京近辺でいえば、浅草寺《せんそうじ》が観音さまのお寺ですし、大船《おおふな》観音や高崎《たかさき》観音など、有名な観音像はいくらもあります。そのやさしいお姿は、女性を思わせるのが常です。とはいえ、本当の観音さまは、どのような方なのか、私たちは必ずしもよく知っているわけではありません。そこで今、しばらく観世音菩薩について調べてみることにしましょう。

先に、菩薩《ぼさつ》ということを説明しておきます。

菩薩とは、菩提薩埵《ぼだいさつた》のこと、サンスクリットで、ボーディサットヴァといわれるもので、それは、菩提つまり覚《さと》りを求める人という意味です。この菩薩には、いくつかの種類を分けて見ることができます。

一つめは、本生《ほんじょう》の菩薩です。これは、釈尊そのひとの成道《じょうどう》以前の修行者時代について言うものです。成道以前といっても、その一生の中だけのことではありません。釈尊は、仏になろうと決意を固めて以来、生まれ変わり死に変わり、測り知れない時間をかけて修行されたのでした。その修行時代の釈尊を、本生の菩薩というのです。本生というのは、過去世のことです。釈尊の過去世物語を、「本生譚《ほんじょうたん》」と言いますが、その本生です。

したがって、この本生の菩薩は、釈尊以外には用いられません。

二つめは、高位の菩薩です。大乗仏教の修行の階程の中で、まだ仏には至らないがかなり高位にあって、私たちを助けて下さるような力のある方です。たとえば弥勒《みろく》菩薩は、今、成仏《じょうぶつ》直前の位にあるといいます。その位を一生補処《いっしょうふしょ》（この一生のみで仏に補任《ほにん》される位）といい、現在、兜率天《とそつてん》という世界にいるといいます。この弥勒菩薩は、五十六億七千万年ののち、仏として地上に降り立って、三回の説法で一切の人々を救済するということです。ですから未来仏で、メシア思想と通じるところがあります。仏になるのはそのようにはるか未来ですが、すでにその直前の位にあり、そこで菩薩といわれます。

そのような高位の菩薩を、読者の皆さんはたくさん知っていることでしょう。文殊《もんじゅ》菩薩もいますし、普賢《ふげん》菩薩もいます。地蔵《じぞう》菩薩もいますし、虚空《こくう》蔵菩薩もいます。そして観世音菩薩もそういう菩薩方の中の一人と考えられているでしょう。みんな、仏になろうとして修行していらっしゃるのですが、まだ仏となってはいません。がすでに人々を救済・教化する多大な活動を示しています。

三つめは、凡夫の菩薩です。大乗仏教では、その教えを理解し、信解《しんげ》して、私もこの道を歩んで仏となりたいと決心したら、その人はすでに菩薩だと見ます。覚りを求める心、菩提心を起こした人は、すべてすでに菩薩なのです。どんなに修行が遅々としていて進んでいなくとも、菩提心さえ発していればもう菩薩です。つまり大乗仏教徒なら、どんな位にある人でもすべて菩薩なのです。これを凡夫の菩薩といいます。

それならこの私も凡夫の菩薩だと思うかもしれません。それで一向にさしつかえないのです。ただ、本当に、心から菩提心を発すということは、決して簡単なことではありません。それには深い深い覚悟が必要です。そのためには、信が決定《けつじょう》することが求められます。この信決定《しんけつじょう》することは、けっして容易なことではありません。

信決定といっても、何か人間を超えるものの存在を確信し、畏敬《いけい》・崇拝するといったことではなく、自分の生きる目標は、人々の力となり人々の助けとなることにあると見きわめることといってよいでしょう。他者のために生きるのだと、決意することなのです。これは簡単のようですが、わが身をふり返ってみれば、ほとんどの人が、なかなかそうはいかないのではないでしょうか。人は誰しも、自分の欲望・自分の楽しみを追求したい気持ちで一杯だからです。その思いをひるがえして、他者の喜びを自分の喜びだと思えるようになった人が、菩提心を発した人といえるでしょう。

大乗仏教徒はすべて菩薩で、凡夫の菩薩はたくさんいるはずですが、今のことを考えるとき、その仲間にこの私も入ることは、そう簡単でもないことを想うべきでしょう。だからでしょうか、『華厳経』には、「初発心時、便成正覚」、初めて菩提心を発《おこ》したとき、すなわち正覚を成《じょう》ずとあります。菩提心を発しえたら、もうそのとき仏になったも同然だというのです。そのくらい、菩提心を発して凡夫の菩薩になることは、実は大変なことなのでした。

さらにもう一つ、四つめに、願生《がんしょう》の菩薩があります。願生とは、願って地獄・餓鬼・畜生といった悪趣《あくしゅ》に生まれるということです。わざわざ苦しみの多い世界に自ら赴いてまで、苦しんでいる人々の力になりたいとその意志を実現していかれる方々です。その願生の菩薩には、仏になろうという修行の途中で、苦海《くかい》に降りていく方もいるでしょう。中には、もう絶対仏とならずに、いつまでも生死の世界にとどまりつづけようと考える菩薩もいるかもしれません。また、すでに仏となった方が、わざわざその仏国土を出て、菩薩の姿をとって、悪趣に入っていく場合もあるでしょう。

この、仏がわざわざ菩薩となった方は、仏のままの方より尊い感がします。そういう菩薩は、仏よりも上の存在なのかもしれません。ですから、菩薩なら仏より下だとは一概に言えないのです。ある場合には、菩薩の方が仏よりも上である、ここに大乗仏教の一つの見方があります。

実は観世音菩薩、すなわち『般若心経』の初めに登場する観自在菩薩は、単に高位の菩薩というのではなく、そのような、本来、仏である方があえて菩薩となって私たちを導いて下さる方にちがいありません。というのも、『法華経』「観世音菩薩普門品」に出る観世音菩薩が、まさにそのような方だからです。そのことは、このすぐあとに改めてふれることにしましょう。

今、いろいろな菩薩がいることを述べましたが、いずれも仏よりは手前で、ほぼ仏になることをめざしている存在です。仏になることをめざすのは、他者の力になりたいという思いを十全に実現するためです。菩薩すなわち菩提薩埵の語は、後に、菩提を求める人というより、菩提（覚り）と薩埵（人々）の双方を心にかける人の意と解されていくようになるのでした。

救済者としての観音菩薩

さて、その菩薩の一人である観自在菩薩（観音菩薩・観世音菩薩）という方、この方はどういう方なのでしょう。

観自在という名前の原語は、アヴァローキテーシュヴァラで、アヴァローキタとイーシュヴァラが合わさった言葉です。アヴァローキタが観、イーシュヴァラが自在と訳されているわけです。その訳、観自在の意は、観ること自在という意味だとうけとめることができるでしょう。

観自在菩薩、つまり観世音菩薩について詳しく説く文献の一つに、『法華経』「観世音菩薩普門品」がありますが、そこには次のように説かれています。

無尽意菩薩は、仏に白《もう》して言わく「世尊よ、観世音菩薩は、云何《いか》にしてこの娑婆世界に遊ぶや。云何にして衆生のために法を説くや。方便の力、その事云何ん」と。

仏は無尽意菩薩に告げたもう「善男子よ、若し国土ありて、衆生の、応《まさ》に仏の身を以って度《すく》うことを得べき者には、観世音菩薩は即ち仏の身を現わして、為めに法を説くなり。

……

応に執金剛神を以って度うことを得べき者には、即ち執金剛神を現わして、為めに法を説くなり。

無尽意よ、この観世音菩薩は、かくの如きの功徳を成就して、種々の形を以って、諸の国土に遊び、衆生を度脱《すく》うなり。この故に、汝等よ、応当《まさ》に一心に観世音菩薩を供養すべし。この観世音菩薩・摩訶薩は、怖畏《おそれ》の急難の中において、能く無畏を施す。この故に、この娑婆世界に皆これを号《なづ》けて施無畏者となすなり」と。

ここは、途中、ばっさり省略しましたが、観世音菩薩（観自在菩薩）が、三十三に身を分かって私たちの前に現われて下さることが説かれています。中には、長者や、宰官《つかさびと》や、婦女や、童男・童女等々もあります。こうして、観世音菩薩は、相手に応じ、種々様々な形をとって現われる、つまり、人々の苦悩に応じて種々様々な形で応接される方なのです。事実上、我々の苦悩のあり方を、自在に観じておられる方なのでしょう。経典には、「無尽意よ、観世音菩薩には、かくの如き自在の神力ありて、娑婆世界に遊ぶなり」とあります。

この「普門品」では、無尽意菩薩がさしあげた瓔珞《ようらく》を、観世音菩薩は一分を釈尊に、一分を多宝仏の塔にささげたとあります。このような象徴的な行為等も考え合わせられて、古来、観世音菩薩とは、久遠実成《くおんじつじょう》の釈迦牟尼《しゃかむに》仏が大悲の心によってこの娑婆《しゃば》世界に現われたものと解されています。前にふれたように、仏に向かって修行している菩薩ではなく、仏から降下して人々を救済している菩薩だったのです。菩薩といっても、実は仏だったのです。したがって、観音さまという菩薩の真実は、ふつうの菩薩理解とは異なるものなのです。

なぜ観世音と訳されたのか

以上から、観自在菩薩のことが大体、知られたと思うのですが、では、そういうアヴァローキテーシュヴァラが、なぜ観世音あるいは観音と訳されたのでしょうか。一説に、「普門品」の一節をとった意訳だという説があります。その冒頭には、確かに次のようにあります。

その時、無尽意菩薩は即ち座より起ちて偏《ひと》えに右の肩を袒《あらは》し、合掌し、仏に向いたてまつりて、この言《ことば》を作す「世尊よ、観世音菩薩は何の因縁を以って観世音と名づくるや」と。

仏は無尽意菩薩に告げたもう「善男子よ、若し無量百千万億の衆生ありて、諸の苦悩を受けんに、この観世音菩薩を聞きて一心に名《みな》を称えば、観世音菩薩は即時《ただち》にその音声を観じて皆、解脱《まぬが》るることを得せしめん。……」と。

私たちが一心に観世音菩薩の御名を称《とな》える、その音声を観じるということから、アヴァローキテーシュヴァラを観世音と訳してしまったというわけです。ここには、御名を称える、名号を称えることの不思議が語られていて、興味深いものがあります。

もう一つ、昔は、その原語がちがっていたのだろうという説があります。アヴァローキタスヴァラだったというのです。スヴァラには、音の意味があるのです。中村元・紀野一義訳註『般若心経・金剛般若経』岩波文庫の註《ちゅう》にこのことが触れられていますので、関心のある方は参照して下さい。

心の中の観自在菩薩

さて、観自在菩薩は姿を自在に現わして法を説き、私たちを救って下さるのでした。姿を種々様々に現わして下さるのでしたが、私にとって現われるということは、私の感覚・知覚によってとらえられること、つまり私の心の中に現ずるということです。ということは、観音さまの姿を見たり聞いたりするそのただ中に観音さまは働いているということかもしれません。そうすると、観世音菩薩は、単に自分の外の存在であるだけでなく、むしろ自分の中にいる、実は自分の生命の中に働いているということにもなります。さらにちょっと飛躍するかもしれませんが、前にあげた岩波文庫の註には、白隠《はくいん》禅師の『毒語心経』の、「是非憎愛すべてをなげうてば、汝に許す生身の観自在たることを」（是非憎愛総拈抛　許汝生身観自在）の句を引用しています。お前さんが生きた観音さんなんだぞ、というのです。その註は、「観自在は特別な人格などではなく、すべての人々が具えている働きであり、我執をすてて多くの人々の中に生きようと願い、足を踏み出すとき輝きあらわれて来るのである」と言っています。この岩波文庫では学問的な注釈が詳しく施されている中で、興味深いことに、ここのみは多分に宗教的で、しかもなかなか踏みこんだ指摘だと思われます。輝きあらわれるというのはよけいかもしれませんが、自己の中にこそ観音がいるという考え方は、禅の世界ではめずらしいことではありません。

かの道元《どうげん》は、如浄《にょじょう》の下で大悟したあと、行脚《あんぎゃ》に出て、有名な観音の霊場・補陀洛《ふだらく》山に詣《もう》でたことがあったようです。そのとき、道元は、次のような詩をつくりました。

聞思修より三摩地に入り
自己端厳にして聖顔を現ず
為に来人に告げて此の意を明めしむ
観音は宝陀山に在《まし》まさず

観音さまは、この霊場にはいません。自己の禅定《ぜんじょう》の中に現われるのです、というのでしょう。外に求めるな、脚下照顧せよ、ということでもあります。自己の生命のただ中に、観音さまは働いていらっしゃるというのです。

参考までに、良寛《りょうかん》さまも『法華讃』の中で次の詩をつくっています。

真観、清浄観
広大智慧観
悲観及び慈観とあるも
無観最も好《よ》き観なり
為に報ず、途中未帰の客
観音は宝陀山に在さずと

やはり、補陀洛山に観音さまを探しにいったって見つかりっこない、無観のところに観音さまはいるというのです。

観音さまが姿を現すということは、一人一人の、あるいはこの私の、感覚・知覚のただ中に現じているということ、それは、見たり・聞いたりの現場にあるということ、その現場は主体が主体として働いているそのただ中ということです。そこに観音さまがいるなら、対象的につかまえることはできない、外に求めてもだめなわけです。

観音さまの御名を称えるなら、その称えるただ中に観音さまは現前しているということになります。『般若心経』を唱えるなら、その唱えるただ中に観音さまは現前しているということになるのです。そこに、「以無所得故」、得られない、つかまえられないけれど、本当の自己が生き生きと自在に生きる（無観最好観）世界があります。ここをつかめば、至るところ観音さまの示現、至るところ到彼岸（波羅蜜多）ならざるはなしとなるのです。そういうことも、一つ心得ておいてよいでしょう。

それはともかく、観自在菩薩という、人々を救済するに自在な神力を有した方が私の外におられるということも、仏教の中では特段、矛盾しません。『般若心経』をふつうに読む場合は、とりあえずそういう特別な人格をもった方を想定しておいてよいでしょう。その観自在菩薩が、般若波羅蜜多を行じて得た悟りの世界を、『心経』は実に簡潔・直截《ちょくせつ》に描くのでした。

波羅蜜多とは何か

つづいて、行深般若波羅蜜多時の句にまいりましょう。早くもここに、『般若経』の核心である般若波羅蜜多の語が出てきました。一体、この般若波羅蜜多とは、何のことなのでしょうか。

ご存知のように、般若波羅蜜多とは、六波羅蜜《はらみつ》（波羅蜜は、波羅蜜多の多が落ちたもので、波羅蜜多と同じものです）の一つで、布施《ふせ》・持戒《じかい》・忍辱《にんにく》・精進《しょうじん》・禅定・智慧《ちえ》の最後のもの、サンスクリットでは順に、ダーナ（dāna）・シーラ（śīla）・クシャーンティ（kṣānti）・ヴィーリヤ（vīrya）・ディヤーナ（dhyāna）・プラジュニャー（prajñā）といいますが、そのプラジュニャー（智慧）のことで、般若とはその音写です。この六つは、さしあたり、大乗仏教で最も大切にする修行の徳目といって間違いないでしょう。

ところが、般若波羅蜜多は、単なる般若ではなく、波羅蜜多のついている般若です。布施も持戒も、波羅蜜多としての布施なのであり、持戒なのであって、総じて、六波羅蜜は波羅蜜多すなわちパーラミター（pāramitā）なのです。では、このパーラミターとは、何のことでしょうか。

波羅蜜多は、梵語《ぼんご》パーラミターの音写なのでしたが、それはしばしば到彼岸と訳されてきました。その場合は、彼岸の意のパーラ（pāra）の目的格・パーラム、つまり彼岸にの意の語に、行くの過去分詞で行けるあるいは行ったの意の語・イタ（ita）が合わさってパーラミタ（pāramitā）となり、それに抽象名詞をつくる語尾ター（tā）が付され、かつ前のイタ（ita）の（ta）が落ちてパーラミターとなったと解されます（あるいはそのパーラミタが女性形の名詞としてパーラミターとなったとの説もある)。したがってパーラミターは、すでに彼岸に行ける状態、彼岸に行ったことの意となります。

このように、サンスクリットの原意からすると、到彼岸は、彼岸に到るではなく、彼岸に到れる、彼岸に到ったと解することができます。ふつう、布施ないし智慧は修行の徳目であり、それを行じることによって彼岸に到ることができると考えられます。布施ないし智慧の六波羅蜜は、私たちを彼岸に到らせてくれるものと考えられます。しかし実際は、六波羅蜜の修行は、逆説的ではありますが、すでに彼岸に到れるものだったのです。

さあ、ここをどう解釈したらよいのでしょうか。修行はあくまでも修行で、仏果に対する因の位置、因位にあるものと考えられます。しかしこれを行じれば必ず仏果が約束される、その意味では、この修行を行ずれば仏果に到ったも同然だ、だから修行がそのまますでに彼岸に到れるものなのだ。こう解することにさほど無理はないでしょう。必ずや仏果が約束されたものとしての修行を、波羅蜜多と言うということです。

さらにここから展開して、すでに修行の中に仏果が現前している、修行しているただ中にすでに彼岸への到達が成就している、と解することはできないでしょうか。因果関係が確かに成立しているとき、因と果とはまったく無関係ではありえず、そのように何らか関係があるのであれば、すでに因の中に何らか果が浸透してきていると見ることは、一つの論理的な帰結です。

ていいます。

そればかりか、興味深いことに、道元は『正法眼蔵』「仏教」の巻に、次のように説い

波羅蜜といふは、彼岸到なり。彼岸は古来の相貌蹤跡にあらざれども、到は現成するなり、到は公案なり。修行の彼岸へいたるべしとおもふことなかれ。これ彼岸に修行あるゆゑに、修行すれば彼岸到なり。この修行、必ず偏界現成の力量を具足するがゆゑに。

試みに現代語訳してみましょう。

波羅蜜多というのは、(彼岸に到るではない)彼岸が到るということである。彼岸は昔どこかにあって、今やってくるというわけではないけれど(覚りの世界というのがどこかに実体的にあるというのではないけれど)、到るというのは修行のただ中に現成するということであり、またこの(彼岸が)到るということは客観的な真実そのもののことなのである。修行が彼岸へ向かっていくと考えてはならない。実は、彼岸つまり覚りの世界において修行があることから、修行すればそこに彼岸が現前するのである。というのも、この波羅蜜多の修行は、必ず、そこに全世界(覚りの世界)が現成

するような力を具えたものだからである。

こうして、道元は、到彼岸は彼岸到なのだと、動詞―目的語を主語―動詞に逆転させてしまいます。

しかしこの解釈も、もともとパーラミターが彼岸に到れるものだったのですから、決して間違いとは言えず、むしろその真実を取り出し示しているとさえいえるでしょう。パーラミターは、彼岸到でなければならないというこの主張は、論理的帰結というよりも、正に道元自身の修証《しゅしょう》の体験からの言明だったことでしょう。道元の覚りの眼にとっては、六波羅蜜の修行は将来、仏果を約束するものというだけでなく、その修行のただ中で、真実、仏果が現成している、すでに仏果に到りえているものなのでした。

そのことが成立する理由を説明して、道元は「彼岸に修行あるゆゑ」といっています。仏果が仏果自体としてどこかに存在するわけではないけれど、仏果はおのずから自己自身を展開し、あるいは現実世界に働きかける働きそのものなのであり、その仏果の働きの現成が修行なのだと道元には見えていたのです。私たちが修行するのは、実は仏果がそのはたらきの一分を発揮していることだ、そのような修行であればこそ、波羅蜜多なのだ、というのです。だから到彼岸（波羅蜜多）は、彼岸に到るではなく、すでに彼岸に到れるでなければならないのです。ちなみに空海《くうかい》もこれを「所作已弁」と示しています（『般若心経秘鍵』)。

なお、道元はこの少し前に、六波羅蜜の名称を挙げたあと、「これはともに無上菩提なり、無生無作の論にあらず」と言っています。六波羅蜜という現実の世界での営為はただちに無上菩提（無上正等覚・阿耨多羅三藐三菩提）に他ならない、覚りとは、単なる八不《はっぷ》のただ中にとどまるものではないというのです。

このような道元の考え方・観方の根本にあるのは、『弁道話』において明確に説かれた修証一等の立場でしょう。道元は次のように主張しています。

それ修証はひとつにあらずとおもへる、すなはち外道の見なり。仏法には、修証これ一等なり。いまも証上の修なるゆゑに、初心の弁道すなはち本証の全体なり。かるがゆゑに、修行の用心をさづくるにも、修のほかに証をまつおもひなかれとをしふ、直指の本証なるがゆゑなるべし。すでに修の証なれば、証にきはなく、証の修なれば、修にはじめなし。ここをもて、釈迦如来・迦葉尊者、ともに証上の修に受用せられ、達磨大師・大鑑高祖、おなじく証上の修に引転せらる。仏法住持のあと、みなかくのごとし。

（寺田透・水野弥穂子校注『道元　上』日本思想大系一二、岩波書店、一九七〇年、二〇頁）

ここに、証上の修という言葉が出てきました。ここから、本証の妙修という言葉も言われたのでしょうか。波羅蜜多の修行がすでに彼岸に到れるものであるとき、それはまさに証上の修です。このように到彼岸（パーラム・イタ・ター）としての波羅蜜多は、単純に彼岸に到るというものではない、甚深の意味があるものだったのです。なおすでに彼岸に到れるからといって、修行がされなくなってしまうわけではありません。証（覚り）の世界は無窮の世界のようです。ですからそれと一体の修も、無限なのです。今、「すでに修の証なれば、証にきはなく、証の修なれば、修にはじめなし」とあったようです。また、「身心に法いまだ参飽せざるには、法すでにたれりとおぼゆ。法もし身心に充足すれば、ひとかたはたらずとおぼゆるなり」（『正法眼蔵』「現成公案」）ともあります。

ところが、サンスクリット語の語学的な観点からすると、この解釈には無理があり、以下の解釈の方が正しいと言われています。それは、最高の、第一の、を意味するパラマ（parama）という語があり、この語から派生した女性形の名詞パーラミー（pāramī）という語がある。これに抽象名詞を作る接尾辞ター（tā）がつけられるときパーラミーがパーラミになってパーラミターとなったというのです。なお、奈良康明《ならやすあき》先生は、御著書『般若心経講義』（東京書籍。大変解りやすい好著だと思います）の中で、パラマから派生したパーラミン（pāramin）という語があり、これにターをつけるとき、ン（n）が落ちてパーラミターとなったのだと解説されています。

この語源解釈によれば、パーラミターとは、最高なるもの、最勝なるもののことです。少し拡げて、完全なるものといってもよいでしょう。ところが、この解釈に基づいたとき、波羅蜜多は完成の意だ、だから般若波羅蜜多は智慧の完成だと言われます。時に完成行と訳される方もいます。しかし完成というと、それは完成していくことなのか、完成したことなのか、ちょっとわかりにくいものがあります。中村元・紀野一義訳註『般若心経・金剛般若経』（岩波文庫）でも、般若波羅蜜多を智慧の完成とし、それは「完成に到達せること」と注で解説されています。それは、今の解釈の場合でも、なおパーラミの中に到達せるの意があると見て、「完成に到達せること」と解説するのですが、そうだとすると、それは完成することとはまったく異なる事態です。しかし完成と訳せば、それは完成していくことと解されてしまうことでしょう。ですからパーラミターをパラマから派生した語を抽象名詞化していると見る場合、日本語で完成とはいわない方がよいように私は思います。

たとえば真諦の『倶舎論』には、

波羅摩とは謂く菩薩最上品の故なり。
是れ彼の正行を波羅美と名づけ。
是れ彼の正行聚を波羅美多と名づく。

とあります（大正二九、二四九頁下）。この説によれば、パラマとは最上の意、パーラミとは正行、最上の修行のことであり、パーラミターとはいくつかの最上の修行をまとめていうものということのようです。布施波羅蜜とは、布施という最上・最勝・最高の修行ということであり、智慧波羅蜜とは、智慧という最上・最勝・最高の修行ということです。

語学的にはこのように最勝と解釈する方が正しく、それは比較的単純な意味になります。しかし、仏教の思想史の中では、波羅蜜多を最勝のものと解すだけでなく、それに、到彼岸の意味も常に認めてきました。たとえば『摂大乗論』には、波羅蜜多を、声聞《しょうもん》・独覚《どくかく》のそれよりすぐれて最高なるものであるからということと、彼岸に到達せるものであるからということとの二通りの語義解釈を示しています（四・七）。到彼岸の意味にうけとることが、絶えず忘れられていないのです。

その到彼岸は、彼岸に到るではなく、彼岸に到れるであり、このときむしろ、道元のいうように、彼岸到（彼岸が到る）の事態こそ真実でさえあったのでした。私は、語学的にパラマから派生したと見るのが正しいからといって、そちらに拠《よ》るよりも、むしろ深い味わいをもつ到彼岸の解釈を大切にしたいと思っています。まして完成と訳すのは、誤解を招くと思っています。玄奘《げんじょう》がパーラミターを波羅蜜多と音訳にとどめたのも、これを一義的には決定しかねるという、複雑な背景があったからでした。

般若と六波羅蜜

だいぶ波羅蜜多に手間どりましたが、次に般若波羅蜜多という、この般若とはではどのようなことなのでしょうか。これは、六波羅蜜の一つとしての智慧のことでした。そこでまず、そもそも六波羅蜜はどのようなことなのか、布施等からひととおり見ておくことにしましょう。ここでは、比較的まとまった教説を示す『摂大乗論』に拠ることにします(四・九)。

まず布施には、法施《ほうせ》・財施《ざいせ》・無畏施《むいせ》の三種があります。教えや知識等を施すのと、金品等を施すのと、不安をとりのぞき、安らかな心を施すのとです。このように一口に布施といっても、恵み与えてあげるものにはいろいろなものがありうるのであり、決してお寺にお金を包むことが布施なのではありません。中でも最重要なのは、やはり人々に心からの安らぎを与えてあげる、無畏施でしょう。もしも宗教者が人の不安感をあおっておいて布施を行えば救われるなどと告げ、金品をとりあげるなどしたなら、それは邪命《じゃみょう》外道（占いなどをして生活の資にした、邪《よこし》まな生活をする宗教家）に他ならないでしょう。

持戒には、摂《しょう》律儀戒と摂善法戒と饒益《にょうやく》有情《うじょう》戒の三種があります。だいぶ言葉がむずかしいですが、要は、悪をなさないこと（止悪）と、一切の善行をなすこと（修善）と、人々のことを思い、人々を利益すべく働くことです。持戒は、小乗の修行にもありました。しかし大乗においてこれが波羅蜜多（最勝のもの）と呼ばれるのは、ここに饒益有情という他者への慈悲心があればこそでしょう。

忍辱には、耐怨害忍《たいおんがいにん》・安受苦忍・諦察法忍《たいさつほうにん》の三種があります。第一は、怨の害に耐えるということと、他人のいわれなき中傷・心ない誹謗《ひぼう》等に耐えるということです。新興の大乗仏教徒は、正統を自任する仏教者から、種々、非難・攻撃をうけたことでしょう。しかしそれらに心乱されることなく、大乗の正法を説いていくことが大事だと考えられていたのでした。第二の安受苦忍は、冬の寒さ、夏の暑さ等々困難な状況を甘んじて受容してこれに耐え、修行していくことです。最後の諦察法忍というのは、世界のあらゆることがらを明らかに観察し認識していくことです。これは忍辱と関係ないようですが、勉強というのは自分がしたくないところをあえて勉《つと》め強いてやっていくものであるように、世界を観察していくことにも忍が必要なのかもしれません。なお、忍に言べんをつけると認になるように、忍と認とはどこかで通じているようです。

精進には、被甲精進・加行《けぎょう》精進・無怯弱《むこにゃく》無退転無喜足精進の三つがあります。最初の被甲精進とは、甲冑《かっちゅう》を身につけて行う精進ということですが、心の覚悟を定めて不退転の決意を固めて精進していくことです。次の加行精進とは、修行に励む精進、最後の精進は、もはやひるむことなく、動揺することなく、しかも満足することのない精進ということです。無喜足とは、足るを喜ぶことが無いということ、たとえ多少の成果を得たとしてもどこまでいっても満足せずにさらに精進しつづけることです。ですから、一時的な熱中は、精進とはいえません。

禅定には、安住静慮《じょうりょ》・引発《いんほつ》静慮・成所作事《じょうしょさじ》静慮の三つがあります。禅というのはディヤーナ（dhyāna）の音訳で、その意訳が静慮です。禅定というのは、そのディヤーナの境地の、一心に定まったありかたを言っているのでしょう。心が一つに統一された状態です。安住静慮は、安楽に住する禅定のこと、道元も「坐禅は安楽の法門なり」と言っていました。引発静慮は、神通力を引き起こす禅定のことです。成所作事静慮というものは、所作事＝作《な》すべき所の事を成就する禅定ということ。作すべき所の事というのは、菩薩が修行に入る根本に立てた誓願（本願）に誓った事、つまり人々を救っていくことです。

さて、残るは般若波羅蜜多です。これにもやはり三種あるといいます。それは、無分別加行慧《けぎょうえ》・無分別慧・無分別後得慧《ごとく》の三つです。この慧は般若・プラジュニャーの訳語であり、智と変わるものではありません。これを見ますと、般若の智慧というのは、根本無分別智を中心に、それに到達していく段階に修する智慧と、それから展開して分析的な知性を発揮する智慧と、そのすべてを含むものとして考えられていることがわかります。もちろん、中心は根本無分別智にあり、それは般若波羅蜜多の欠かせない要素です。無分別智は、あらゆるものは言葉で表現できず、無我であり、そういう本質は変わらないものであることを証得する智慧であり、真如を覚する智慧です。それは分析的というよりは、直覚的なものといえます。この智があってはじめて、世界のありようを的確に知り尽す後得智が成立します。無分別加行慧とは、無分別智を実現するための行の中の智慧であり、教法の信解や、観法の修行における観察の理路の了解などがその内容となるでしょう。

般若の原語は、すでに述べたようにプラジュニャーですが、この語はアビダルマ（世界の構成要素の分析）の中で、慧という一つの心（慧の心所）のことでもあります。仏教は後に見るように心をいくつもの要素（心王・心所）に分解し、それら別々の心の集合として見ていくのですが、その中の一つの心に、慧という心があるというのです。この慧の心所は、一般には分析的知性として語られるのですが、だからといって『般若経』等が語る般若波羅蜜多は、それに尽きるものとはなりません。大乗仏教の中では、明らかに真如《しんにょ》そのものを直覚的に体証する智慧が般若・プラジュニャーとして考えられています。この無分別の智慧が開けるためには、禅定（心の統一）がどうしても欠かせないのです。

以上で、般若波羅蜜多についての説明をひととおりなしえたかと思います。般若とは、根本無分別智に向かい、それを実現し、そこから展開するすべての智慧のことです。波羅蜜多とは、その行が最勝・最高であること、さらにいえば完全であることを意味し、さらにその行のただ中ですでに彼岸に到達せること、行の一歩一歩が覚りの働きの現成《げんじょう》にも他ならないことを示すものでもあります。『般若経』は六波羅蜜の中、特にこの般若波羅蜜多が最も重要であり、この修行なしに大乗菩薩の修行はありえないと説きます。すでに布施・持戒・忍辱・精進・禅定も波羅蜜多であり、彼岸に到れるものであるとしたら、そこに何らか覚りの世界の働きが働いていると見ることはできるはずです。しかもなお、般若波羅蜜多なしに問題の根本的な解決はありえないというのです。智慧という、自己や世界についての明らかな了解・明らかな自覚なしに、我々の苦しみの根本的問題は解決されない。それが仏教の主張なのです。布施等が波羅蜜多になるのは、般若波羅蜜多が目ざされていればこそです。単に布施だけして善根をつみ、自分の将来の福徳の拡充をはかろうとするのでは、かえって我執に基づく悪業をつむだけになりかねません。どこまでも般若波羅蜜多を根本とし、般若波羅蜜多の現成をめざしていく。それが『般若経』の立場であり、また『般若心経』の立場なのでした。

自我を捨てて行じる

さて、観自在菩薩は、この般若波羅蜜多を行じたのでした。行深般若波羅蜜多時という、深般若波羅蜜多の深の意には、いろいろと考えられるように思われます。一つは、波羅蜜多の修行にいくとおりかある中の最も深い六波羅蜜という意味で、深といったと解せます。仏教の中には修行の徳目として、実はいろいろなパーラミターがありました。四パーラミターや、九パーラミター等々。その中で大乗仏教が採用した六波羅蜜は、最も深いというわけです。このパーラミターを六つで示すのは、仏伝文学に由来するもので、大乗仏教と文学運動の関係の深さを示す一つの指標となっています。

あるいは、六波羅蜜の他の五波羅蜜にくらべ、般若波羅蜜多は最も深いというので、深般若波羅蜜多といったとも解せます。

一方、他に比べるまでもなく、般若波羅蜜多は深いものである。その深い般若波羅蜜多を行じたとも解せましょう。これは、浅い・深いを比較するのではなく、ともかく深いというものです。ただ、なぜ深いかというと、小乗の智慧にはない無分別智を根本としており、我・法のすべてを空と見ぬくからと、声聞・縁覚《えんがく》の智慧の修行に比べて深いということは出てくることでしょう。それはこの上ない正しい覚り、無上正等覚(阿耨多羅三藐三菩提)を実現するものであり、そのように深いものなのです。

次に行……時という表現について少し解説していきます。これは……を行じている時あるいはいた時と読むわけで、それに問題はないでしょう。サンスクリットのテキストを見ても、ここに現在分詞が使われており、……していての意でよいと思います。

しかしここは、般若波羅蜜多を行じてというように、単純な動詞―目的語の形の訳になっていますが、サンスクリットでは実際には般若波羅蜜多は目的格の形では出てきません。それは於格《おかく》とか処格とかいわれる場所を表わす形において出てくるのであり、あえてそのまま訳すと、「深い般若波羅蜜多において行を行じていて」、ということになります。般若波羅蜜多は、行を行じるありか、依り所のような位置にあるのです。このことを、私の恩師・玉城《たまき》康四郎《こうしろう》先生はしばしば強調されていました。

そうだとしても、意味的には、結局は般若波羅蜜多を行ずることだというのがふつうの理解でしょう。般若波羅蜜多において行を行じるとは、般若波羅蜜多を行じることに他なりません。しかしあえてこの文法的なあり方に妙に固執するとすれば、六波羅蜜の一つとしての般若波羅蜜多という修行、智慧の修行に拠って、基づいて、修行するということになるわけです。

そうだとすると、実は般若波羅蜜多を行じるのではなく、修行が成立してくる基盤・根源に般若波羅蜜多があるということになります。大乗菩薩は般若波羅蜜多に支えられ、般若波羅蜜多に導かれて修行するのだということになります。ということは、般若波羅蜜多が私たちに呼びかけ、私たちを促し、私たちを運んでいく、ということになるでしょう。そういう働きが、私たちの根底にあって、私たちに働きかけている、そういう構図を、深い般若波羅蜜多において行を行じるという表現にくみとることができます。こうして、般若波羅蜜多を行じるとは、実は般若波羅蜜多を行じるのではない、般若波羅蜜多によって行ぜしめられるのだ、という真実がここに隠されていることになります。

以上はサンスクリットの文法的な形に一応根ざした解釈であるとはいえ、やや強引かもしれません。しかし、たとえば道元は、到彼岸は彼岸到だといいました。それがことがらの実相に他ならなかったのです。したがって、そのようにことがら自体に即して見ても、実は般若波羅蜜多を行じるとは、むしろ般若波羅蜜多の中でそれを行じているのであり、実は般若波羅蜜多が行を行じていることなのだということは十分いえると思います。道元によれば、私たちの修行は実は証上《しょうじょう》の修《しゅ》であり、覚りの世界の働きの一つと見るべきなのでした。こうして、道元にならえば、「行深般若波羅蜜多時とは、深般若波羅蜜多が行じる時）だ」というべきでしょう。

このことは、修行とは、自分が行っているようで、実は自己を起えたものの働きに浴していてのことなのだということを意味します。そういう理解は、自分は修行したんだという慢心に陥らないためにも、必要なことです。もちろん、観自在菩薩は、そういうとらわれからは自由であったにちがいありません。般若波羅蜜多において行を行じる、そこには自我意識を捨てて行（証上の修）に透入した姿が見られるようにも思われます。

空とは何か

次に、照見五蘊皆空についてです。実はここ、サンスクリットでは、まず五蘊があるといい、その上でそれらは空であるという形になっています。その五蘊のことはあとで述べるとして、この句においてもちろん一番重要なのは、空の語でしょう。「空」とは何か、それが解ったなら、仏教は解ったも同然と言っても過言ではないはずです。そこでまず初めに「空」について説明してまいります。

空という言葉は、サンスクリットでシューニャ（空の・形容詞）あるいはシューニャター（空なること、空性・女性名詞）の訳語です。空と空性はそのような仕方で異なるのですが、『般若心経』では空性にあたるシューニャターをも空と訳しています。

シューニャという言葉は、シュヴィという動詞から派生してできた言葉ですが、シュヴィという動詞は、ふくれるという意味の言葉です。膨脹したり、ふくれたりすると、内側は空洞化していきます。その状態を表わすのがシューニャですから、空とは要するにカラッポ、中身のないことを意味します。内実のないことを意味するのです。

このカラッポの意味の言葉が、思想的・哲学的な場面に適用されると、あるものにそれ自体、その本体がないことを意味することになります。あるもの（むしろある事柄）は全然ないわけではないので、まったくの無ということとは異なります。何かしら、ある現象はある、しかしそれにそのものとしての本体のような存在はないということです。

ここで本体といったものは、永遠不滅で、それ自体として単一の存在であるようなもののことで、このようなものをよく実体といいます。実体としての存在は、不生・不変・不滅なるものとして考えられたものです。あるもの（あること）に、そのような実体はないことが、あるもの（あること）が空であるということの意味です。したがって、空なるあるものは、実有《じつう》ではなく、仮有《けう》だということになります。

たとえば、机は有るでしょうか。それは実有でしょうか。机は机としての実体、机としての本体を持って、存在しているのでしょうか。よくよく考えてみますと、机は、天板や側板等々のよせあつめで成っており、机という一つの本体、机という一つの自体はありません。机がそこにあるとき、机は無だということにはなりません（仮有）が、机としての実体（永遠の本体・自体）はないので、机は空だということになります。

今は、ある一つのものを要素に還元していく仕方で、空というあり方を説明しましたが、そのものにそのものとしての本体がないということは、今いった仕方だけでなく様々な仕方で説明できます。部品のよせあつめなので、その全体としての本体はないという言い方は、空ということの説明の一つの仕方にすぎません。その他、たとえば縁起だから空だ、というのも一つの説明です。あるものが、他の存在や条件等々をまってはじめて成立しているとき、そのものはそのもの自身で自らの存在を成立せしめているわけではありません。自分で自分の存在を成立せしめることができないようなものは、それ自身の自体をもつもの、本体をもつものとはいえません。自体なきもの、本体なきものは空です。こうして、縁起ということから空ということが導かれます。

あるいは、私たちがあると思っている「もの」、それは五感によってとらえられたものでしょう。しかし五感という、視覚・聴覚・臭覚・味覚・触覚というものを考えたとき、それは外のものを直接ありのままに写し取っているというより、脳がつくり出した映像を見ている等にすぎないのかもしれません。見たり聞いたりが脳のはたらきのとき、見られたもの、聞かれたものは、脳によってつくり出されたものと考えられます。そうすると、すべての経験は、ただ脳の作用のみで、すべての経験世界は、実は映像的世界、ヴァーチャル・リアリティなのだということになります。実はそこに本当の存在はない、本体なるものはないということになるでしょう。

まして五感はそれぞれ分かれています。視覚は見られた世界だけに、聴覚は聞かれた世界だけに関係します。とすると、私たちの感覚（五感）はあるものをその全体として感覚しているのではないということになります。むしろ先に別々の感覚があって、あとからそれらがまとめられて、ものが認識されているということになります。

そのまとめる役割をするのが言語（名前）ということになるでしょうが、ものの名前の分かれ方というのは、各国語でかなり異なっていて、案外、恣意《しい》的なものです。しぐれとか夕立とか霧雨とかいう名前は、私たち日本人の雨の分け方を示すのみであり、雨の方がそのように分かれているとは限りません。机があるのか、デスクやテーブルがあるのか、それも各国語の名辞の分かれ方を示すのみで、決して実在するものに対応しているとはいえないものです。ということになりますと、私たちは言葉に応じてものがあると考えますが、名前のとおりの個々の本体がもとよりあるわけではなく、ましてまず先には、各々別々の五感の方があるわけです。このように認識の成り立ちや言語の問題から考えていっても、およそ私たちがあると思っているものは実は空であるということになります。私たちがふだんたしかにあると思っていたものが、実は内実のないものである、現象のかぎり有るのみで本体のないものである、ここに、仏教の説く根本的な世界批判の立場があるのでした。

空ということは、そのようにあるものにそのものとしての本体のないことを意味します。伝統的には、ここを無自性《むじしょう》といいます。無自性と空とは同じことです。こうして、しばしば縁起の故に無自性、無自性の故に空と言われたりしたのでした。

自分自身は空である

以上で空の意味は大体おわかりいただけたかと思いますが、ここでは、五蘊皆空とありましたように、空だとされたものが、五蘊とされています。それには、次のような意味あいがあります。

私たちは、自分はあると思っています。それもしばしば、生まれてから今に至るまで、変わらない自分があると考えています。死んだら無くなるかもしれないけれど、少なくとも今は、そういう変わらない自分があると思いなしています。人によっては、死後も存在しつづける自分があるのだと思っていたりします。

そういう「自分」の内容を吟味してみますと、ほとんど常住なる存在としての自分、永遠不滅の存在としての自分としかいえません。死んだら無くなるけれどもしかし変わらない自分は今ある、と考えているその自分の内容は、実のところそのように常住なる実体的存在としての自分に他ならないのです。しかしそれは単なる客体的なものとは異なっていて、主・宰のはたらきを持っていると考えられています。

こうして、私たちがあると思っている自分は、常住で不変で主体なるもの、「常・一・主・宰」のものということになります。仏教は無我を説きますが、そこで否定する我、アートマンとは、そのような存在のことをいいます。

私たちはどうしてもそういうような我という存在が有ると思いこみ、したがってそれに執著《しゅうじゃく》してしまいます。ここに諸々《もろもろ》の苦しみの源泉があります。釈尊はこのことを明瞭《めいりょう》に洞察して、しがみつくべき我のないことを明らかにし、我への執著から解放し、さらに苦しみから解放させようとしたのでした。こうして、我の空なること、無我なることが説かれていきます。

我が空だということとは、我のような現象・事象はあるが、そこに我としての本体はないということであり、それが無我ということの意味になります。その場合、早くから仏教は五蘊無我、つまり個体という一つの現象を構成する各要素はあるが、我という実体はないと説明してきました。五蘊とは、あとでやや詳しく説明したいと思いますが、色・受・想・行・識という五つのいわば自己を構成している要素のようなもの、色とは物質的な要素、受・想・行・識は精神的な、心理的な要素です。心について、感情とか意志とか知性とかが別々に存在していると見て、心もそういう別々の心の複合体と見て、これと身体（色）とが組み合わさったものはあるけれども、常住で不変で主宰者のようなアートマンは存在しない、というのが五蘊無我の説であり、それは初期の仏教の代表的な教説でありました。ですから、我ではなく五蘊があるのだとまず見ることは、一つ迷いを超えたことになるわけです。そのように、小乗仏教では、アートマン＝我のみ空であり、それを構成している要素は有るものと考えられていました。

ところが『般若心経』は、我が空であることはもとよりのことであり、その構成要素の五蘊さえもすべて空を本質としていると照見したというのです。単に見たとするのでなく、照見したと言っていることは、深い智慧によって明らかに見究めたとの意をこめているのでしょう。五蘊は、個体だけでなく、世界全体を構成する要素といってもよいものです。世界は、物質界と精神界とから成り立っていると考えられるからです。また、世界を構成する要素は、他に様々な観点から分析されますが、特に「法《ダルマ》」として詳しく分析されました。「法」はさまざまな意味をもつ言葉ですが、「我・法」というように我と対で用いられるときは、おおむね、世界の構成要素として取り出されたものをいいます。小乗の仏教のアビダルマ（存在の分析）の世界では、五位七十五法と、七十五のダルマが分析されましたし、大乗の唯識《ゆいしき》では五位百法と、百のダルマが分析されています。そうした中、小乗の立場は、我は空だけれども諸法は実有であるという、「我空法有」の立場であったとまとめることができます。五蘊無我ということは、結局、世界を構成する要素（法）の方はあるけれども、常住・不変・主宰者の我はないということで、我空法有の立場です。これに対し、『般若心経』は、五蘊も空だというのです。世界を構成する要素も各々その本体を持たない、自体を持たない、空であるというのです。サンスクリットにも、実は、自性空（スヴァバーヴァ・シューニャ）と見たとあります。それは、般若の智慧によって洞察されたことであり、その智慧に基づいて、我も諸法も空であるという「我法倶空」の立場が説かれます。「人法二空」といってもよいものです。ここに『般若経』の立場、般若波羅蜜多の智慧の立場、大乗の立場があります。それは、小乗の立場に対する一つの批判の立場です。実は『般若心経』は、五蘊だけでなく、以下、十二処・十八界・十二縁起・四諦《したい》等を各々空だと説いていきます。それぞれ実体がないと説いていきます。それは、小乗仏教の教理・教説の全面否定ということなのです。そのことを一言でいえば、我空法有をしりぞけて、我法倶空を宣揚する、ということなのです。この一切法空ということが洞察されたのは、あくまでも般若の智慧によってなのでした。

涅槃の境地

一体、自分だけでなく自分のまわりのありとあらゆるものが根本的に自体を持たない、本体を持たないということに、どういう意味があるのでしょうか。五蘊についての説明をしなければと思うのですが、それはこの問題にふれてのちすることにして、一切法空の立場の意味について、先に述べておきます。

我の空を説くことは、我執に基づく苦しみから解放していくためでした。我に執著することは、生死輪廻《しょうじりんね》につながります。我に執著するから、また来世に生まれてしまうことになり、生死輪廻は止《や》まないということになります。しかし、我執を滅していけば、生死輪廻から解放されます。ということは、涅槃《ねはん》に入るということです。我空法有の立場の小乗仏教では、そのように、生死輪廻から解脱《げだつ》して涅槃に入ることで目的は達成されたと考えます。

しかしながら、涅槃の世界とは、一体、どのような世界でしょうか。それはあたかも、精神的・身体的活動の一切がなくなった世界、虚無にも似た世界のようです。仮に甘美な想いが永遠につづくとしても、ただそれだけの世界です。果たしてそのようなところに、人間の究極の目標があるものなのでしょうか。人生の一大事とは、そのような涅槃に入ることだったのでしょうか。

大乗仏教はここで、そうではないと考えます。まったく活動のないような状態に入るのが究極の目標になるのではなく、むしろ生命を最高度に発揮してやまない世界、働いて働いて働きぬいてやまない世界に、私たち自身の大きな目標があるのだといいます。

それは、単に涅槃を実現するだけではなく、智慧を成就することから可能になるのだと見ます。その智慧こそ、一切の法は空であると見抜く智慧です。一切の存在は、自体なく本体なく、したがって幻のようなものであり、映像にすぎないような世界です。内実のない世界です。そのことを見抜いたら、何ものにも執《とら》われる必要がありません。何ものにも執われず、どこにも住することなく、何ものかにひっかかることもなく、ひきずりまわされることもないことになります。対象によって左右されることなく、その結果、主体が生き生きとその主体性を発揮していくことができます。生命が十全に生命そのものを実現していくことができます。

このように、我の空だけでなく法の空をも証することから、かえってより深い本来的な主体が発動しだすのです。ですから『般若心経』には、「度一切苦厄」と、一切の苦しみを解放していく主体的な活動が、五蘊皆空の照見から生まれると言っているのです。この一切の苦しみは、自分のものだけでなく、他者のものも含むと私は見ます。自覚《かく》は必ず他《た》に展開するからです。なお、この一句はサンスクリット原文にはないのですが、その意味では極めて重要なことです。

そのように、我の空を観じて我執を断つと、涅槃を実現します。法の空を観じて法執を断つと、智慧を実現します。智慧のことを別に、菩提といいます。この菩提を成就することによって、涅槃も、静止的な、虚無的な世界ではなく、無住処涅槃というものになります。無住処涅槃とは、生死にも住さず、涅槃にも住さないあり方のことで、そのどこにも住さないというそこに涅槃を見出《みいだ》しているものといえましょう。すなわち、活動のただ中での涅槃というものになるのです。

照見五蘊皆空には、このように、小乗仏教の立場とは異なる大乗仏教の立場が力強く宣言されているのです。アートマンだけでなくダルマも空であるというこの徹底した空の立場は、それだけ深くネガティヴになるのではなく、かえってより確かにポジティヴになる立場なのでした。空の立場に徹底していくと、かえって生き生きとした主体が実現してくる、この真実こそ、五蘊皆空の語にこめられていたことなのです。その主体は、おのずから他者へかかわる主体であるということを度一切苦厄の語が示していると読むことができると思います。

『般若心経』には、後に有名な「色即是空、空即是色」の語が出てきます。これは、色と空が一つのところ、「真空妙有」のところを示しています。真空ゆえに妙有があるというのです。しかし、鈴木《すずき》大拙《だいせつ》は、それではまだ足りない、真空から働きが出てこなければいけない。「真空妙用」が空の究極の立場だということを語りました。真空のまっただ中から、汲《く》みつくせない、あふれでる妙用が出てくるというのです。「度一切苦厄」は正にこの真空妙用のこととなるでしょう。それは決して跡を留《とど》めない、残さないような、すがすがしいはたらきでもあるでしょう。

空を直覚するということ

それにしても、観自在菩薩は五蘊をどのように空であると照見したのでしょうか。ここには、前に述べたような、一つの実体と考えられたものが実は要素に分解できるからとか、相互にあい依《よ》りあってはじめて成立する縁起の存在だからとか、唯心《ゆいしん》による影像にすぎないからとか、言葉の表わすものは虚妄だからとかいった、空であることを証明する理由が一切、述べられていません。ただ、照見五蘊皆空とあるのみです。なぜ空なのかの説明は、『心経』のどこにも見出されません。

『般若経』の最も基本をなす『八千頌般若経』においても、はじめの方はとにかく空であるということばかりが説かれ、相当あとの方でそれを説明して縁起の故にということが出てくるといいます。そのようなことから考えても、元来、空であるとの照見は、分析的によりは、直覚的に、体証的になされるものなのでしょう。観自在菩薩は、般若波羅蜜多、プラジュニャーパーラミターを行じていたわけですが、その覚りは、根本無分別智として実現します。そこに主観と客観と分かれないあり方での空性の自内証があるはずです。そこが根本となって、空に関する様々な教説が出てきます。照見というところに、まずはその無分別智を見ておきたいところです。

さてようやく、では空と見抜いた五蘊とは何かの説明をする段取りとなりました。この五蘊や、十二処・十八界、等々は、仏教教理の基本的なものですから、仏教を勉強していくためにひととおりは了解しておくことが有益です。

個と世界を構成する五蘊

五蘊とは、色・受・想・行・識という、個体さらには世界を構成する五つの要素のことでした。蘊というのは、集まりということですが、各々の蘊それ自体、要素の集まりということなのでしょう。それがさらに五つ集まって、個体や世界を構成しているというわけです。とりわけ、五蘊無我という言葉があるように、個体を構成する五蘊はあるけれども、常・一・主・宰の我＝アートマンは存在しないと、個体との関連でよく五蘊の語は用いられます。しかし、五蘊は必ずしも個体だけにとどまらず、世界全体の構成要素を意味する場合もないわけではありません。

色蘊は、いわば物の世界、物質的世界を構成しているもの、受・想・行・識の非色の四蘊は、いわば心の世界、精神的世界を構成しているもの。世界は、物質的世界と精神的世界とで成り立っていると考えられるわけですから、だとすれば五蘊で世界全体を説明することもできるわけです。

この中、色は、ふつう変壊《へんね》・質礙《ぜつげ》と説明されます。壊れゆくものであり、また空間的に一定の場所を占有して他の侵入・浸透を許さないものが色です。はたして音や匂いが質礙性を持つのか、疑問がないわけでもありませんが、ともあれ色とは、何らか空間的に一定の量があり、物理的に他を排除していて、しかも壊れゆくものと仏教では考えられていたようです。

そのように五蘊の中の色とは、やや広い概念で、物質的なもの全般を意味しますが、そこをもう少し詳しく述べると、五つの感覚対象、色・声・香・味・触（五境）と、五つの感覚器官、眼・耳・鼻・舌・身（五根）と、意識の対象としての物質的なもの、のすべてということになります。一方、今もあった五境の中の色は、視覚の対象（かたち・いろ）のみを意味しており、五蘊の中の色よりずっと限られたものになります。『般若心経』の初めに出てくる色は、五蘊の中の色ですから、視覚の対象に限られない、五境や五根等の全体を意味するわけです。

そのように、色は物質的なものといっても、実際には五根や五境が中心で、それは我々が考えるようなある「物（もの）」ではありえず、むしろそれ以前の色《いろ》そのもの・音そのもの・匂いそのもの・味そのもの・感触そのものといったものに他なりません。「もの」はそれらが統合されてのち構想されているにすぎないと仏教は見るのです。確かに物（もの）の世界を見聞する感覚の世界では、「もの」というものがただちに認識されているのではなく、ただ視覚や聴覚や臭覚等々、別々の五感があるだけでしょう。そこにおける各々の対象面が、色・声・香・味・触の五境で、これが五蘊の色の主要な内容と見てもさしつかえないほどです。

五根といわれる感覚器官は、対象をとりこんで認識を発生せしめる（取境発識）ものということなのですが、その内実は、極めて微細な特別な物質であり、肉眼では見ることができないと言われています。私たちが知っている感覚器官、眼玉や鼻孔や耳朶《じだ》等は、この真の感覚器官（勝義根）の補助的器官（扶塵根《ふじんこん》）なのであり、五境より成り立っているものにすぎません。

あと、五感とは異なる、意識の対象としての物質的なものなどがあります。というのも、たとえば原子などは当時、知的に把握されるにすぎず、とうてい感覚では認識されない、したがってこれは意識の対象としての色だとされたのです。

なお、この色蘊を個体の構成要素として見るとき、それは肉体の全体、全身体ということになるでしょう。

五蘊の中、色以外の四つの蘊は、精神的世界を構成する要素なのでした。ふつう私たちは、心というものがあると思い、しかもそれは一つのものだと漠然と考えています。一つの心があって、それが知・情・意その他、さまざまに作用すると考えます。しかし仏教では、心というものも、実は別々の要素が集まって成立していると考えるのです。

ここは私たちの常識からはなかなかわかりにくいところですが、決してアートマンに通じるような一つの心を想定せず、精神的あるいは心理的現象も正に現象として、種々別々の複数の心が組み合わさりながら生起してくるのだと見るのです。このような心の見方に立つことによって、常・一・主・宰の我は存在しないというわけです。

その中、受とは、いいなあ（ひかれる）・いやだなあ（拒絶する）といった想いのこと、したがって感情といえるかと思います。どんな対象を認識するにせよ、私たちの認識には、快かったり、不快だったり、そうした念《おも》いは常につきまとっているものです。仏教は、こうして、受に苦受・楽受・非苦非楽受の三受を言いますが、もっと詳しくは、憂受・喜受も立て、五種の受をいうこともあります。その場合、苦受・楽受は感覚（五感）にかかわるもの、憂受・喜受は意識にかかわるものとなります。非苦非楽の受はまた捨受（五感と意識に共通）ともいわれます。

想は、取像と定義されます。像を取るということは、対象を何らか概念的に把握するということでしょう。これをよく表象と説明する人がいますが、私は、対象の全体像がまず把握されることと考え、認知の働きと言うようにしています。

行は、特に個体の構成要素としての五蘊の中では、意志とうけとめておけばよいでしょう。世界全体の構成要素としての五蘊の中の行蘊は、実はもっと広いものです。ほとんど有《う》為《い》法《ほう》（現象世界を構成するもの）のすべてですらあります。部派仏教や大乗の瑜伽行《ゆがぎょう》派

（唯識学派）で発達したアビダルマ（いわば存在の分析）の体系の中には、ダルマ（法、世界の構成要素）に関して、色・心王《しんのう》・心所《しんじょ》（心所有法《しんしょうほう》）・心不相応・無為の五つのグループ（五位）が分けられるのですが、その中の心所や心不相応法なども、行蘊ということになります。要するに、有為法で、五蘊の中の他の四蘊をのぞく一切合財はこれだということなのです。個体の構成要素としての行蘊も、受・想以外のもろもろの心所等のことが意味されていると見てよいのですが、まあここは簡略に、意志のことと見ておけばよいでしょう。

識は、推理や判断の作用、いわゆる知性のことです。簡単にいえば、何であれ、知るものが識です。ですから識に、必ずしも知性とはいえない眼識・耳識《にしき》・鼻識・舌識・身識の五感（感覚）の識もあることになりますし、一方、大乗仏教の唯識では、意識のさらに奥に末那識《まなしき》・阿頼耶識《あらやしき》があると説きます。確かにこれらはみんな識であるわけです。しかしこれは後世の教義の展開に伴って自覚された識であって、もっとも初めに五蘊が説かれたころは、感情や意志とは異なる知性といったほどの意味であったものと思われます。

今も少しふれたのですが、仏教のアビダルマの中に、心王・心所という言葉があります。心所は詳しくは、心所有法、すなわち心王に所有される法のことで、心王とともに働く個々の心のことをいいます。一方、心王とは、様々な心の要素の集合の中心となるものです。このとき、識が心王です。受や想は、心所です。そして行には、広く見れば、受や想以外の様々な心所が入ってくるわけです。心所は、大乗の唯識のアビダルマでは、五十一あるといいます。心王は八識、八つです。それらの心王・心所が、縁に応じ組み合わせを変えつつ、生じては滅し生じては滅しして流れているのが、私たちの心理現象だというのです。

そのように、後世の発達した教説の中で五蘊を考えると、その内容もなかなか複雑になってくるのですが、簡単にいえば、次のようなことです。

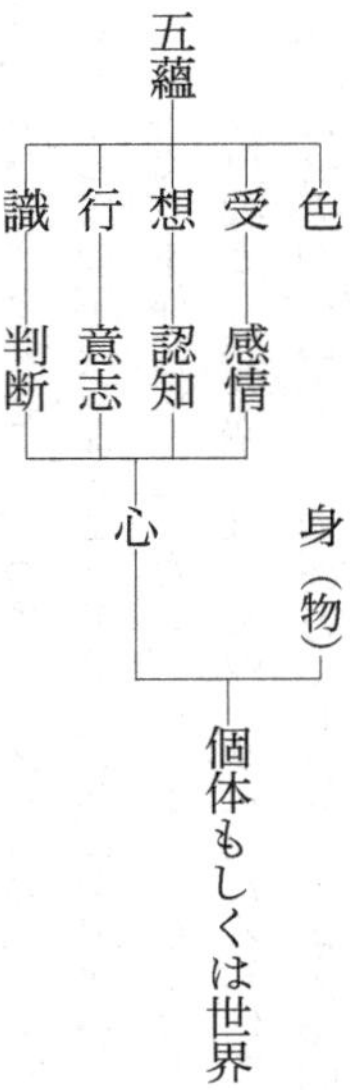

五蘊そのものも空である

さて、前にも説明しておきましたように、図式的にいえば、小乗仏教では、これら五つの要素は有るが、我は無いと説いたのでした。たとえば、車輪は、軸や骨や輪等々、部品のあつまりとしては存在していますが、一つの車輪という本体はありません。車輪自体という一つのものはないわけです。同じように五蘊の各々は有り、その集まりはあるけれども、そこに常・一・主・宰の我、本体としての我はない、と説明したのです。これが五蘊無我の説でした。それは、我に対する執著、我執を止滅させるためです。

ところが、『般若心経』では、観自在菩薩は、五蘊そのものも空だと照見したといいます。色も受も想も行も識も、すべて空だと見たというのです。空とは、前にも言いましたように、カラッポということ、つまり、あるものに、そのものとしての自体がないこと、そのものとしての本体がないことです。五蘊皆空ですから、色・受・想・行・識それぞれまでもが各々、本体を持っていない、自体ある存在ではないとはっきり見ぬいたというのです。五蘊無我と五蘊皆空とは、そのように異なるわけです。

一体、なぜ五蘊そのものが空なのでしょうか。その説明は、『般若心経』にはありません。二六二文字のどこを探しても、なぜ空なのか、ということが説明されていません。とすればそれは、ともかく般若波羅蜜多の智慧がそう覚らせたのだ、とうけとめるしかないでしょう。観自在菩薩が五蘊皆空と照見したのは、行深般若波羅蜜多時であって、甚深なる般若波羅蜜多を行じてはじめて照見したとしか書かれていないのですから。

我だけでなく、世界全体がなぜ空なのか、ここを説明すれば、いろいろな説明の仕方がありえます。縁起だからというのも一つの言い方ですし、唯識だからというのも一つの言い方です。しかし『般若心経』は、どういうわけで空なのか、そのことを一切、説明していません。むしろ、空の照見、空の深い洞察の中では、どのように世界が見えてくるかということの方を説いています。「不生・不滅、不垢・不浄、不増・不減」というのは、空の照見と一つの、世界の了解あるいは体証です。さらに、五蘊・十二処・十八界等々について、無い、無いと否定していくのも、空の照見の中での世界の了解もしくは体証です。それは、実体的存在（本体的存在、自体をもつ存在）が一切ないということを意味すると同時に、対象的に把握されたものが一切ない世界のことを示しているでしょう。不生・不滅等は、その消息を示唆していますし、かの連続する否定の最後に「以無所得故」、つまり得る所無きを以ての故にとあるのが、そのことを例証しています。

ですから、空の照見とは、般若波羅蜜多の智慧において、対象的に把握されたものがすっかりなくなったところで開ける直覚（根本無分別智）において実現したのだと私は思います。分析的な了解というより、直覚的な体証です。そこでは、何々は空であるという了解、判断すら、もとより超えられていたでしょう。

何々は空であるという了解は、空を対象的に捉《とら》える立場になり、空への執著につながります。空が執著されたとき、それはもはや空そのものではありません。真の空は、空という了解（対象的知覚）をも超えられていなければなりません。この文脈でいうなら、空は空ではないということにもなります。皆空と照見したのは、皆空と照見したのではない、だから皆空と照見したのだということになります。ここに空をめぐる一つの微妙な事情があるわけなのです。

いずれにせよ、観自在菩薩は、五蘊の皆空を、般若波羅蜜多、すぐれた智慧の実践のただ中で自らの内に証していたことでしょう。その自内証を後得智において表現したとき、「空」ということになったのだと考えられます。このことについては、またのちに考えてみたいと思います。

五蘊・十二処・十八界もまた空

観自在菩薩は、アートマン（我）のみでなく五蘊（諸法）までもが、すなわち世界の一切が、空であることを如実に知ったのでした。ということは、小乗仏教の学説・世界観では、まだ本当の真実には至りえていないということです。小乗仏教のような説明ではまだだめなんだということです。『般若心経』では、この箇所につづいて、有名な「色即是空・空即是色」等々の語が出てきますが、それが終わると、さらに五蘊だけでなく、十二処・十八界・十二縁起・四諦のすべてを、無、無と否定していきます。一切が空であるということを、様々な角度から説いているとも言えますが、いうまでもなく、小乗仏教の教説をすべて否定していく意味もあります。その意味もこめて、『般若心経』は五蘊・十二処・十八界等々のすべてを、空であると宣言するのでした。

十二処や十八界は、『般若心経』ではもう少し後に出てくるのですが、それは仏教の基本的な世界観を示しており、五蘊との関係も深いので、ここに先に見ておくことにします。五蘊・十二処・十八界は、まとめて「三科」といわれるものであり、大体、合わせて説かれるものです。『般若心経』では少し先に、「無色声香味触法、無眼耳鼻舌身意」とありますが、そこに無と否定されている「色声香味触法、眼耳鼻舌身意」が十二処です。それは、六境（六つの対象）と六根（六つの器官）ということです。つづいて、「無眼界乃至無意識界」と出てきますが、乃至は途中を省略したということ、この否定の対象を省略せずに詳しく記すと、「眼界・耳界・鼻界・舌界・身界・意界、色界・声界・香界・味界・触界・法界、眼識界・耳識界・鼻識界・舌識界・身識界・意識界」のようになり、これが十八界です。ここには、六根・六境・六識があります。

十二処は、六境・六根で世界を把握するものです。世界が成立している根本的な単位は、六境・六根にあるというのです。やはり「もの」や「我」はその上にあとから構想されているという見方になります。六境・六根のみでは、主観的な世界、心の世界は含まれていないように思われますが、それは意根の中に摂《おさ》められているのだと説明されます。

ですから、ここを開いて外に出せば、六根・六境・六識の十八界になるわけです。十二処と十八界とは、開合の仕方が少しちがうのみです。この中、眼・耳・鼻・舌・身の五感の感覚器官（五根）は、よくわかることでしょう。身は、触覚の器官で、身体全体の皮膚が相当するかと思われます。味覚でなく、舌ざわりなども、身の器官において成立しているのでしょう。

意は感覚でなく、知覚のための器官で、私たちの知的活動にもそのための器官があるのだというわけです。

これらの器官に基づく識、眼識・耳識・鼻識・舌識・身識・意識もまたよくわかるでしょう。視覚・聴覚・臭覚・味覚・触覚および知覚ということになります。

その対象が六境で、いろ、音、匂い、味、感触、そして意識の対象の六つです。視覚の対象の色には、いろとかたちとがありうるという見方（倶舎《くしゃ》等）と、いろのみという見方（唯識）とがあったりします。意識の対象の法には、あらゆるものがありえます。世に実在しないもの、つまり過去や未来のことや、兎角《とかく》・亀毛《きもう》なども入ってくるわけです。

十八界という形で世界を把握する仕方は、私はなかなかすぐれているのではないかと思います。確かに私たちは、まずもって視覚・聴覚・臭覚・味覚・触覚および知覚のその束として存在しているのではないでしょうか。考えてみれば、確かにそうです。ヒュームも、自我は知覚の束だといいました。その感覚・知覚の束のただ中を、一応、対象（境）・器官（根）・主観（識）と分析することもなるほど合理的で、そうすると世界は十八界以外にないと考えられます。まず私がいて、外にものがあって、その間に交渉があるというよりも、まず五感や知覚があって、そこに根・境・識の三方面が分析されうるが、それらの上に私やものが構想されていると見る方が、よほど真相に近そうです。ですから、十八界を説くということは、すでにそこで、我やもの自体を否定するという意味があります。私たちは、まず私がいて、ものがあって、その上でいろいろ認識等がなされると考えますが、そうではない、先に十八界があって、その十八界の上に、我とかものとかが仮に構想されているのにすぎないというのは、凡夫の認識にとっては一つの根本的に真逆の立場でしょう。そうだとしても、我やものより、やはり十八界の方が先ではないでしょうか。

しかし、ここにおいて十八界は有ると、それらを実体化して捉えると、それもまた真相に合わなくなります。十八界の各々も、そもそも空なのです。そのことは、般若波羅蜜多の智慧の中で知られます。「無眼界乃至無意識界」という十八界の否定は、さしあたり、小乗仏教の十八界を有と見る立場に対して根本的に反対の立場なのです。一切法は空である、これが『般若経』の立場であり、大乗仏教の立場なのでした。ただし、空は単なる無ではありません。それはまた「空即是色」というように肯定へと転じてゆくものです。あるいは、前にも述べましたように、我にも物にもとらわれない立場が開け、自由自在な主体が現成する、度一切苦厄の主体が成立してくる、真空妙用《みょうゆう》が発動するのでありました。

ともあれ、五蘊も十二処も十八界も、世界をある観点から整理して見る見方で、互いに関連の深いものです。本章の最後にこれらの関係を図示しておきましょう。

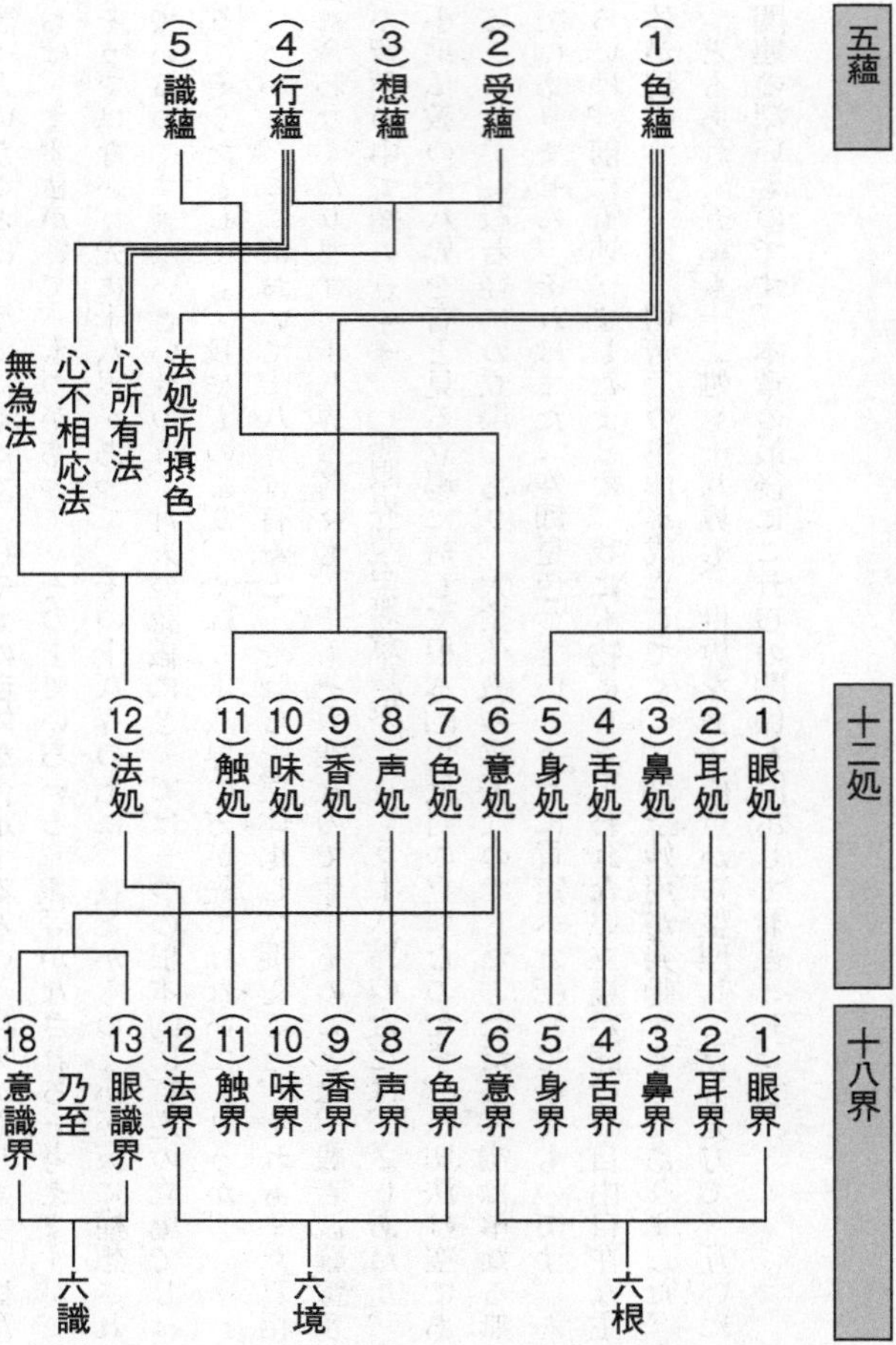

五蘊
(1)色蘊
(2)受蘊
(3)想蘊
(4)行蘊
(5)識蘊
法処所摂色
心所有法
心不相応法
無為法
十二処
(1)眼処
(2)耳処
(3)鼻処
(4)舌処
(5)身処
(6)意処
(7)色処
(8)声処
(9)香処
(10)味処
(11)触処
(12)法処
十八界
(1)眼界
(2)耳界
(3)鼻界
(4)舌界
(5)身界
(6)意界
(7)色界
(8)声界
(9)香界
(10)味界
(11)触界
(12)法界
(13)眼識界
乃至
(18)意識界
六根
六境
六識

第三章　生死は仏のおん命なり

舎利《しゃり》子《し》、色不異空《しきふいくう》、空不異色《くうふいしき》、
色即是空《しきそくぜくう》、空即是色《くうそくぜしき》、
受想行識《じゅそうぎょうしき》、亦復如是《やくぶにょぜ》。

智慧《ちえ》第一と言われる舎利弗《しゃりほつ》よ、その五つの要素の第一、物質的要素（色）は本体を持たないあり方（空性）と異なるものでなく、本体を持たないあり方（空性）は、その物質的要素（色）と異なるものではないのです。物質的要素は即ち本体を持たないあり方そのものであり、本体を持たないあり方は即《すなわ》ち物質的要素そのものなのです。このことは、五つの要素の中の他の要素、精神的要素としての、感情（受）・認知（想）・意志（行）・知性（識）も、同様です。

舎利弗とは誰のことか

いよいよ有名な「色即是空、空即是色」の句が出る箇所に入ることになりました。初めに、「舎利子」とあります。これは舎利弗《しやりほつ》（シャーリプトラ）よ、という呼びかけです。説法の対象としての舎利弗に対して、舎利弗よ、と呼びかけたのです。

では、誰が呼びかけたのでしょうか。ふつうの経典では、釈尊と考えられるでしょう。大体お経は、初めに釈尊の説法の会座《えざ》の様子の説明から始まります。そして、釈尊に質問する菩薩《ぼさつ》等が登場して、何らかの質問をします。すると、釈尊はその質問をほめつつ、その質問した菩薩等に語りかける形で、その答えを明かしていきます。こうして、重要な教えが解説されていくというわけです。

ただし釈尊ではなく、高位の菩薩が、釈尊の威神力をうけて、説法する場合もあります。普賢《ふげん》菩薩とか、文殊《もんじゅ》菩薩とかです。時に、勝鬘《しょうまん》夫人や維摩居士《ゆいまこじ》など、在家のすぐれた者が事実上、説法の主体となっている場合さえあります。では、この『般若心経』の場合、どうなのでしょう。

実は『般若心経』には、小本と大本という二種類のテキストがあります。私たちがふつう読誦《どくじゅ》しているのは、小本の『般若心経』です。大本はもう少しだけ詳しくて、説法の会座の様子が少々記されています。

それによりますと、釈尊は王舎城の耆闍崛山《ぎしゃくつせん》（霊鷲山《りょうじゅせん》）にいらして、あるとき、深遠なさとりという三昧《さんまい》（禅定《ぜんじょう》）に入っていきます。この三昧とどういう関係があるのか明記はされませんが、そのとき、観自在菩薩は、般若波羅蜜多を行じて、五蘊皆空を洞察します。このとき、舎利弗は、仏の威神力をうけ、観自在菩薩に対し、「ある善男子が般若波羅蜜多を行ずるには、どのように学んだらよいでしょうか」と質問します。

この質問に対して、観自在菩薩は、私たちが読誦している『心経』の内容のことを、舎利弗に語るのです。そこにはもちろん、揭帝、揭帝……のあの陀羅尼《だらに》も含まれています。最後に、この観自在菩薩の説法に対して、釈尊は三昧から起《た》って、観自在菩薩の説法を肯定し、讃《ほ》めたたえ、会座の者はすべて歓喜します。その一節で、大本の『般若心経』は結ばれるわけです。

ですから、ここで「舎利子」と呼びかけているのは、観自在菩薩です。このように、小本の『般若心経』、私たちの日頃、読誦している『般若心経』は、観自在菩薩の説法のみをとり出したような形のものです。おそらくそれは、釈尊の禅定力に支えられているものなのでしょう。

舎利子というのは、舎利弗という呼びかけなのでしたが、この舎利弗とは、シャーリプトラというサンスクリットを音で写したものです。プトラには、子という意味があります。シャーリはさぎの仲間の鳥のようで、したがってシャーリプトラを意訳すると、鶖鷺子というようなことになります。舎利子は、音訳と意訳がまざったものといえましょう。シャーリの本当の意味は必ずしもよくわからないので、音訳のままにしたのかもしれません。なお、シャーリは、舎利弗の母の名だといいます。

シャーリプトラは、釈尊の十大弟子の一人です。釈尊には、それぞれの方面で第一人者である方が十人いましたが、それが十大弟子として伝わっています。それは、以下のようです。

舎利弗　智慧第一
目犍連　神通第一
摩訶迦葉　頭陀第一
阿那律　天眼第一
須菩提　解空第一
富樓那　説法第一
迦旃延　論議第一

優婆離　持律第一
羅睺羅　密行第一
阿難陀　多聞第一

以上が、釈尊の十大弟子と呼ばれる方たちです。「拈華微笑《ねんげみしょう》」で禅宗に関係の深い摩訶《まか》迦葉《かしょう》が、頭陀《ずだ》第一というのは、改めて考えてみますと、禅宗によく合っていると言えるのではないでしょうか。頭陀とは、衣・食・住の三に対する貪著《とんじゃく》を払っていく行のことで、たとえば、糞掃衣《ふんぞうえ》をまとう、乞食《こつじき》をする。空閑処（阿蘭若処《あらんにゃ》）に住むなどです。それらは、十二頭陀としてまとめられます。今、詳しくは述べませんが、その項目だけあげておきますと、納衣・三衣・乞食・不作余食《ふさよじき》・一坐食《ざじき》（一食《いちじき》）・一揣食《いちたんじき》・阿蘭若処・塚間坐《ちょうけんざ》・樹下《じゅげ》坐《ざ》・露地坐《ろじざ》・随坐・常坐不臥《じょうざふが》の十二です。徹底して清貧の生活を送ることがうかがえるでしょう。ここに視座をすえて、現代の文明を深く考え直してみたいものです。この頭陀行こそ、禅の生活の原点にあるべきものです。ですから、禅宗第二祖ともいうべき摩訶迦葉が、頭陀第一ということは、非常に象徴的だと思います。

それはともかく、舎利弗は、智慧《ちえ》第一と称されました。とすれば、まことに般若波羅蜜多と関係があるということになります。

舎利弗は、もと外道でしたが、その頃、師を喪《うしな》って、それ以来、茫然《ぼうぜん》としていました。

たまたま釈尊の弟子・馬勝比丘《めしょうびく》が、安穏にして悠々と歩きゆくさまを見て、仏道に感ずるところがあり、この比丘より「因縁所生法」の偈《げ》（詩）を聞いて、釈尊の教団に身を投じたといいます。

こうして、智慧第一と称されるほどに教団内で頭角を現わしたわけですが、大乗仏教から見ると、それでも声聞《しょうもん》です。大乗仏教の側から見れば、必ずしも、智慧第一ではないのです。たとえば『法華経』「提婆達多品」では、娑竭羅竜王の女《むすめ》、それも八歳の童女が、速やかに成仏《じょうぶつ》するというときに、舎利弗は、女身には五つの障りがあるから、そんなことはありえないといって疑念を呈したりしています。童女はめでたく速やかに成仏しますが、そのとき舎利弗は（智積菩薩らとともに）黙然として信受するほかありませんでした。

『般若心経』で、智慧第一の舎利弗が観自在菩薩に質問し、教えを受けるとされているのは、声聞の智慧も大乗の智慧にはまったくおよばないのだということを表現しているのではないでしょうか。いくら舎利弗が智慧第一だと言っても、大乗の般若波羅蜜多の智慧は、それをはるかに超えるものだというわけです。釈尊の智慧第一の弟子に対する批判です。もしそうだとすると、ここで舎利弗を登用しようという大乗の意図は、ちょっといじわるかもしれませんね。

もっとも、舎利弗があえて質問する役をかって出るのは、釈尊の差配によるものです。釈尊の意をうけて、あえて下座につく役割をこなしているのです。本当は仏なり菩薩なりが、舎利弗の姿をとって一つの役まわりを演じているのかもしれません。そうだとすれば、本当に尊いのは、実は観自在菩薩以上に舎利弗であるということさえ言えるでしょう。

空性だけがあるのではない

さて、観自在菩薩は、舎利子に、まず「色不異空、空不異色」と語ります。この色は、今回、取り上げた句の最後に、「受想行識、亦復如是」とありますから、五蘊（色・受・想・行・識）の中の色であることはいうまでもありません。その色は、いわば物質的な世界でしたが、やや詳しくいえば、五根・五境等でした。それが空（空性）と異ならないということは、各々が、そのものとしての自体、本体をもつものではない、そういう空のあり方と別ではないということです。（なお、この箇所の空は、サンスクリットではシューニャター・空性です。）

空とは、すでに説明したように、ある事物（事象）に、そのものとしての自体がないこと、そのものとしての本体を持っていないこと、実体というあり方にないことなのでした。ですから、無だというのではありません。ある事物（事象）は、全然、ないわけではありません。色不異空と、色は空というあり方と別でないというとき、色はなくなることはないのです。ただその色は、自体をもつ存在ではない、本体をもつ存在ではない、実体というあり方にはない、ということです。したがって、現象としての色はある、しかし実体的存在としての色はないということになります。

このことはもうすでに、照見五蘊皆空のところで、説明したことでした。しかしここでは、空不異色と打ち返しています。しいて言えば、ここにこの箇所の新たな意味を見出《みいだ》すべきでしょう。

空は、色に異ならない、ということは、空ということ（空性）が、それだけで独自にどこかにあるということではないということです。空というあり方は必ず、色なり何なり、現象世界に即してあるのであり、それらを離れたただ空だけの世界、空性というものは別にないのだ、ということなのです。このことはなかなか重要なことだと思われます。しっかり了解する必要があります。

このことを考えていく前に、一、二、基本的なことを押さえておきましょう。まず、色不異空・空不異色と、色即是空・空即是色ですが、これは、別のことと考える必要はないでしょう。同じ一事実を、別の表現によって語ったものと思われます。

次に、色不異空、色即是空は、色だけにとどまらず、「受想行識、亦復如是」なのでした。受・想・行・識は、心の世界を構成する各々の現象でした。結局、五蘊不異空、五蘊即是空なのであり、ということはまず、個体がそっくり空だということです。身心の自己全体がすべて空だということです。しかし五蘊は、個体を意味するだけでもありません。世界をも意味しえます。つまり物質的世界・精神的世界の現象のすべて、世界のすべてが空であるということです。したがって、対象的にあるものを考えて、それが空だと了解しておわってしまうのでなく、正に自分も含む世界ごと空というあり方にある、と領納しなければなりません。客観的世界も主体的世界も一緒にすべて空性そのものである、と領納しなければなりません。五蘊は十八界とも何らかわらないのであり（八〇頁図参照）、ゆえに言い方を変えれば六根・六境・六識のすべてが空である、このイメージを想起すべきでしょう。そして、空の対象的了解を超えていかなければなりません。しかしこのことは、また後にふれることにしましょう。

さて、単に色即是空のみでなく、空即是色にも他ならないのでした。ということは、十八界とも整理されるこの現象世界全体の外に、空なるものがあるわけではないということです。世界のただ中にしか、空ということはないということです。

色に代表される現象とは、各々個別・特殊であって、刻々変化してゆくものです。各々互いに異なっていたりします。これに対して、空（空性）、つまり自体がないあり方は、あらゆる現象を貫く平等・普遍の真理です。時間的にも空間的にも普遍でありえています。その意味で、色（現象）と空（本性）とはやはり異なる、別のものです。しかし、だからといって、それぞれ別個にあるわけではありません。色不異空とか色即是空とかは、色と空とが別々にあって、それが一つになるということではないのです。空ということが、色を離れてあるわけではありません。あくまでも色において空です。色は、空というあり方を離れては存在しません。もとより空というあり方において色なのです。そのように、空ということ、空性だけがどこかに独自に存在しているわけではないということを、まずはっきり了解しておくべきです。

究極の普遍は空である

色に代表される現象世界は、個別・特殊でした。空性に代表されるその本性の世界は、平等・普遍です。この違いは歴然としてあって、ゆえに不一です。しかし別ものでもないので、不異です。不可同ですが、不可分です。その一事実以外、色だけのものも、空だけのものもないのでした。

色を現象というと、空性はいわば実在です。それは有としての実在ではないのですが、平等・普遍の本性として、実在に相当します。そうすると、現象即実在・実在即現象で、それ以外、何もないということです。色を相対とすると、空は絶対となります。そうすると、相対即絶対・絶対即相対で、それ以外、何もないということです。ただし実際は即といっても非の部分もあるのですから、即非といった方がよいのかもしれません。色即是空、空即是色の即是は、実際は不一・不異、即非です。

この不一・不異の関係は、唯識《ゆいしき》では、依他起性《えたきしょう》（一切の現象世界。八識《はっしき》等によって説明される）と円成実性《えんじょうじっしょう》（真如・法性《ほっしょう》）との関係においても言われました。時々刻々変化していく私たちの現実世界と、平等・普遍の本性（やはり空性であるけれども）とは、同じでもないし、異なるのでもない、というのです。そこでこの関係は、ある個物と一般者との関係によって説明されています。ある個物というのは、たとえば、ある特定の桜の木とします。一般者というのは、とりあえず、桜の木すべてを意味する桜と見ておきましょう。ここにおいて、特定の桜の木は、桜でないとはいえません。しかしあらゆる桜の木を意味する桜一般が、個物の桜ではないことも言うまでもありません。そうすると、ある特定の桜の木と、桜一般とは、同じではないが異なるのでもない、不一・不異ということになります。一般者の方は、桜以外の木を含む樹木と広げることも、植物と広げることも、生物と広げることもできます。それでも、この個物と一般者の間には、不一・不異の関係が成立しているわけです。では、最も広い普遍とは何か。究極の普遍とは何か。西洋ではそれこそが真の実在（有《う》）であると考えたことでしょう。個物は、それに究極的に根ざして成立していると考えたでしょう。その究極の普遍こそ究極の有であり、絶対者であり、神であって、常にそれが尊ばれたのでした。

　しかし、仏教は、究極の普遍は、決して有ではない、空性だと見たのです。自体をもたない、実体としての存在ではないというあり方、それこそが、どんな存在をも貫いている普遍的な本性であると見たのです。ここに仏教の非常に独特の特徴があります。究極の普遍は空性である。仏教はその空性に神を、絶対者を見たのでした。

普遍というものが有だとすると、それは強固にその存在を主張します。しかし、空性で、いかなる意味であれ実体的有の性質を持たないとすると、それは本性としての独自の存在の主張を自ら消してしまいます。そして現象そのものに入りつくしてしまいます。空即是色と、色そのものになりつくして、他に何もない、ということになります。なお、絶対者が自性を持たないところに、本当の意味での個（真に自由な個）が成立しうることでしょう。

華厳《けごん》でいうと、色は事で、空（空性）は理です。事法界《ほっかい》と理法界です。色即是空・空即是色は、理事無礙《むげ》でしょう。しかし、理は、理としての独自の本体を持ちませんから、ここにおいて、理は消えてしまいます。こうして、華厳では、理事無礙において理が消えて、事事無礙ということになります。これは、空即是色で、空が色に入りつくして、空ということも消えたところと見ればよいわけですが、『般若心経』ではそこを事事無礙とまで明《めい》瞭《りょう》に言及しているわけではありません。しかし、空にしたって、円成実性にしたって、真《しん》如《にょ》にしたって、正に空であるが故に自らの本体を否定するということは、すでにそこにふくまれているはずです。現象と実在、相対と絶対は、個物と一般者のように不一・不異なのですが、その一般者にあたるものが、最終的に無自性であるが故に、その不一・不異の両者の関係の事実はそのままに、各々の現象、各々の相対が、それそのものにおいて絶対の意義を有するのでした。ここを天台《てんだい》では、「一色一香、無非中道」（一色一香中道に非《あら》ざる無し）と言います。見るもの聞くものすべてが絶対だというのです。

生死の苦しみこそ仏である

こうして、色を仮に人とすると、空は神です。最近、仏教の影響で、神をシューニャターで解する真面目な試みさえ、キリスト教神学の中に見えるくらいです。このとき、『般若心経』の見方では、人と神は明らかに区別はあるのですが、しかも人即神、神即人で、それ以外、何もありません。神から離れた人はおらず、人を離れた神だけの神もありえません。そういう見方が、ここに示されているわけです。とすれば、自分や、自分が生きているこの場を離れて、独自の法身仏（いわば絶対者としての仏）を求めてもえられないということになるでしょう。

道元は、「この生死は即ち仏の御いのち也」といいました。実に生死に苦しんでいるこの一歩一歩が、仏のおん命だといいます。もちろん、逆に、仏のおん命は正にこの生死そのものである。これを離れたただそれだけとしての仏のおん命はありえないでしょう。

空不異色、空即是色と、空ということは正にこの色そのものにあると言われるとき、この色は、もはや私たちが空の教えを知らなかったときに見えていた色ではありません。いわば仏の命につらぬかれた色となります。それ以外にはありえない真実そのものの色となります。五蘊全体が真実そのものの五蘊であり、十八界全体が真実そのものの十八界にほかなりません。究極の生命は、正にこの世界において私が生きているそのただ中、その一歩一歩にあったのです。生死は仏のおん命であり、世界は仏のおん身体《からだ》というべきでしょう。こうして、即今《いま》・此処《ここ》・自己《じこ》以外、何の真実もない、すべてはここにある、これが、『般若心経』の「色即是空・空即是色」の意味なのでした。私たちは、他に求めることなく、そのまま、仏のおん命に運ばれている、何も悩み患う必要はなかったのでした。

即今・此処・自己以外、いかなる真実もありえないということは、何か悟りという特別なありがたいものがどこかに存在しているのではないということです。よく禅者は、「至り得《え》帰り来たれば別事なし」といいます。だから禅者はこの現実世界に徹底していきます。そうじ、洗濯等々、一心に行じます。高みへ高みへと上るよりは、底辺に底辺にと出向いていって、おのずから涼やかな境涯をおよぼしていくことでしょう。

大分、話が展開してしまいましたが、色不異空、空不異色、色即是空に、空即是色においてと打ち返されることに、私もふくめ、この世の一切が仮象であって実体がないと同時に、空即是色と打ち返されることによって、その仮象でしかないすべて以外に、何か尊いものがあるわけでは全然ない、この世のすべてこそ、真空妙有の妙有であり、一々が光芒《こうぼう》を放っているのだ、ということになるわけです。それは、対象としての世界だけではありません。見たり、聞いたり、想ったり、判断したり、そのすべてが、仏のおん命そのもので、ここを厭《いと》うてもどうにもならないということになります。結局、即今・此処・自己において生きている生命を十二分に味わいつくすことのほか、何もいらなかったのです。

こうしてみると、一見、ネガティヴに見える空の教えは、単なる否定ではない、なんとポジティヴな教えだったのか、あらためて知らされます。空の教えが、一切の苦厄を度することは、歴然としているかもしれません。

第四章　不生で調いまする

舎利子《しゃりし》、是諸法空相《ぜしょほうくうそう》、
不生不滅《ふしょうふめつ》、不垢不浄《ふくふじょう》、不増不減《ふぞうふげん》。

舎利弗よ、これらの諸法は、空性を特性としているのであり、したがって、生ずることもなく滅することもなく、垢《よご》れているのでもなく浄《きよ》らかなのでもなく、増えるのでもなく減るのでもありません。

一切は空

前章で読んだところには、「色不異空、空不異色、色即是空、空即是色、受想行識、亦復如是」とありました。色蘊《うん》だけでない、五蘊のすべて、物質的・精神的の一切の現象、個体のみでなく世界の一切が、空と一つだと言われていました。空であるということは、まったく無いというのではなく、現象としてはあるけれども、それらはすべて変らない本体をもつような存在ではないということです。本体をもたないというあり方に貫かれて現象している、それ以外、特に尊いもののもまばゆいものもあるわけではない、そういうことにもなるのでした。

ふつう私たちは、ものは有ると考えています。何か自《みずか》ら本体をもつようなものがあって、それらによって世界は構成されていると考えます。しかし、実は、この世のあらゆるものに、本体をもつようなものの存在はないといいます。本体とは、常住不変のなにものかということになりますが、もしものがそのようなあり方にあるとしたら、この世の生成・変化はないはずです。しかし、この世は絶えず変化し、流転しているのが実情でしょう。

一方、私たちは案外、ものは変化していくが自分の本体は変らずにありつづけると考えたりするものです。若い人でも、何か霊魂というものがあるのだと考え、死後の世界を信じていたりします。そういうことはないというにしても、もしも生まれてから今に至るまで変らない自分があると思っているなら、そこで考えられている自分は、結局は常住の自分に他なりません。結局は永遠不滅の自己を無意識のうちに想定していることになります。もちろん、仏教はそのような存在を否定します。常住の本体的な自己は、基体的存在として作用を持たないはずです。そのようなものが自己であるというなら、本来、主体的活動をなすべき自己になりえないはずです。

このように見てくると、確かにものの世界にも心の世界にも変らない常住永遠の本体のような存在、実体としての存在はないと考えるしかないでしょう。一切は空だとしか言えません。

なるほど、仏教は生死輪廻《しょうじりんね》を説きます。しかし、生死輪廻を説くからといって、ただちに永遠不滅の自己があるということにはなりません。仏教の立場はやはり無我なのであり、あくまでも無我ということと矛盾しない形で生死輪廻を語ろうとします。唯識の阿頼耶識《あらや》も、刹那《せつな》刹那、生滅するものであり、決して常住不変のものではありません。その意味で、生死輪廻の説は、注意深くうけとめる必要があります。今、生きているただ中が、空にして、つまり自我という実体なくして成立しているとするなら、仮に死後の世界があるとしても、同様のあり方でよいわけで、生死輪廻があるから自己が実体的存在でなければならないとはならないわけです。

唯識の煩悩の一つに、悪見というものがあります。大体、仏教で、見は固定的見解、執心のつきまとうものとして否定される傾向にありますが、中でも、悪見はまちがった判断として、根本的な煩悩の一つであるといわれます。その中に、辺執見《へんじつけん》というものがありますが、これは、身心の諸要素に基づき、常住・不変・主体者なるものとして想定された我が、死後、永遠につづくと見る見解か、もしくは死後、まったく無となると見る見解かのどちらかのことです。すなわち、常住か断滅かのどちらかの見解のことです。ですから、死後についてはどちらとも決めつけて見ないことが正しいあり方になるのですが、それはそもそも、我というものを対象的に捉《とら》え主語とし、それに述語すること自体がまちがっているのでしょう。

それはともかく、人は案外、そのようなものを想定しているものですが、実は霊魂のような「我」は存在していません。不変の「もの」も存在していません。一切は空でしかない、ここが、「諸法空相」です。「空相」とは、空を相としているということ、この空を相としているということは、実は空性をその特質としているということです。

なお、諸法の法は、ダルマのことですが、もちろんこの場合のダルマは、世界を構成するもの（物質的・心理的を問わず）のことです。アビダルマの仏教の中では、五位七十五法（説一切有部）とか、五位百法（唯識）とか分析されましたが、ここでは、五蘊・十二処・十八界などで示されているものがあたります。くり返しますが、そこには、個体と世界のすべてが含まれているのでした。この私が、世界の中で生活し、生きている。その同じ世界の中で、他人と交流し、相支えあっている。そのすべてがそっくり、空というあり方を本質としていて、どこにも本体をもつような存在はない。これが、『般若心経』の根本的な視点なのです。

八不の思想

さて、一切の法は空性を特質としているので、それらの諸法は、生じもしないし滅しもしない、垢れてもいず浄らかでもない、増えもせず減りもしない、とあります。一体、このことはどういうことでしょうか。

今、一つの例をとって話してみましょう。ここに机があります。日常ではそう言って、何の不自由も感じませんし、そのとおりと思っています。ところがよくよく考えると、机は板のよせあつめで、机という一つの本体があるものではありません。一つのそれ自体としての机というものは、ここにないわけです。天板や側板などが組み合わさってあるのみです。

机というものが本当はないのだとすると、ここに机があるとは言えません。板を組み合わせて机のように仕立てても、机が生まれたわけではありません。そこに机という一つのものはないのですから。一方、板をバラバラにしてしまったり、焼いてしまったりしても、机がなくなったわけではありません。もともと机はなかったのですから。

このように、板の集合離散があるのみの世界では、もとより机は生まれたのでもなく、滅したのでもなかったのです。同様に、無いものについて、汚れているともいえず、浄まったともいえません。増大したともいえず、減少したともいえません。

今は、板はあるとの見方でしたが、板自身、板としての実体はなく、原子・分子の集まりにすぎないと説明できます。原子自身、素粒子の集まりにすぎないと説明できます。その究極は、今日の理論物理学でも説明しえていないでしょう。仏教は、ともかく一切法は空である、空というあり方にあると説きます。空だということは、そのものとしてのあるものがないということですから、当然、それについて、生じたとか滅したとか言えないわけです。

一切法が空だということは、どうしていえるのか。今のように、要素に分割して、要素はあるけれども全体としてのものはないという説明も一つの説明です。一方、すべては認識の中のことで、認識の事態のみがある、ものはないというのも一つの説明です。これは唯識的な説明です。『華厳経』ではもっと端的に、「三界（世界）は唯だ心の作のみ」といいました。あるいは、すべてが縁起で、自分のみで自分を支えるものではない、故に実体的存在ではないという説明の仕方もあります。以上のことは、今まで何回か申したと思いますが、ともかく空である、本体あるものとしては存在しない、その説明の仕方はいろいろありうるわけです。いずれにせよ、そのものとしての本体がない、そのものとしての存在ではないものに対して、およそああだこうだと言うことはできないわけです。

ここには、そのように言えない例として、「不生不滅、不垢不浄、不増不滅」と三組の二元対立的事項があげられていました。ここから、すぐに思い出されるのは、あの龍樹《りゅうじゅ》の『中論』冒頭の「帰敬頌」の八不です。八不とは、「不生亦不滅・不常亦不断、不一亦不異、不来亦不出」というもので、この八不《はっぷ》の世界は、戯論寂滅《けろんじゃくめつ》といわれているところです。縁起・空は、そのまま八不の戯論寂滅の世界に他ならないことを、『中論』は説いています。

私はまた、この八不の世界は、如来の覚《さと》りの世界にも他ならないと思っています。というのも、そのように見る見方こそ、如来の見方であると『法華経』には出てくるからです。『法華経』は、四諦《たい》は声聞《しょうもん》のための教え、十二縁起は縁覚《えんがく》（独覚）のための教えと明示します。『法華経』がはっきりこういっているのですから、この教えに触れた人々はたいてい、十二縁起の説は縁覚のための教えであって、なお究極のものではないと考えたことでしょう。

余談ですが、縁覚は、十二縁起を観じて覚るといわれるほか、飛花落葉を感じて覚るともいわれます。このことは、少なくともすでに智顗《ちぎ》の『摩訶止観』には「華飛葉動」という形で出てくるようです。安然《あんねん》の『真言宗教時義』には、「又独覚人、飛華落葉、以証聖果」（又た独覚の人は飛花落葉、以て聖果を証す）などとあります。以上は、先年、大谷大学名誉教授の白土わか先生に教わりました。「飛華落葉」の説が、日本人の無常感を刺激したことはまちがいなく、とすれば、日本人は縁覚に必ずしも否定的のみでない、特別の感情をもったかもしれません。この縁覚も、やがては菩薩《ぼさつ》となって大乗の道を行くのだというのが、『法華経』の説くところでした。

それはともかく、では大乗菩薩にふさわしい教えは何か、それは、六波羅蜜《はらみつ》であり、これによって無上正等覚《むじょうしょうとうがく》（阿耨多羅三藐三菩提）を得させるのだ、と『法華経』は説きます。とすると、大乗仏教に固有の仏の悟りの智慧、阿耨多羅三藐三菩提の世界はどのような世界か、知りたくなりますが、それに関して、『法華経』「如来寿量品」には、次の一節があります。

如来は如実に三界の相は、生まれること死すること、若しくは退すること若しくは出ずること有ることなく、亦、世に在るもの及び滅度するものもなく、実にも非ず、虚にも非ず、如にも非ず、異にも非ざることを知見して、三界のものの三界を見るが如くならざればなり。斯くの如きの事を、如来は明かに見て、錯謬あることなし。

つまり、如来は、迷っている者が世界を見る見方とは異なって、世界はいわば八不に他ならないと見るというのです。それこそが如来の見方ですから、そこに悟りの智慧《ちえ》の見方があると見てよいでしょう。とすれば、八不こそ、無上正等覚、阿耨多羅三藐三菩提の世界だと言えると思います。これがあるからこそ、一切を的確に分析する智慧、一切種智《いっさいしゅち》(後得智)もありうるのでしょう。

この無上正等覚は、六波羅蜜によってこそ実現します。ということは、般若波羅蜜多(プラジュニャーパーラミター)を通してこそ実現するということです。だから、『般若経』と『法華経』は、一つに結びついています。そしてその流れの中に『中論』もあります。『般若心経』の「不生不滅・不垢不浄・不増不減」も、『法華経』の「無有生死、若退若出、亦無在世、及滅度者、非実非虚、非如非異」も、要するに八不でしょう。般若波羅蜜多の中に自覚される八不の境地が、このように大乗仏教思想の重要な流れを構成しているのでした。

不生に絶対の生を見出す

では、この八不は、どういう意味をもっているのでしょうか。確かにさっきもいいましたように、そのものとしては無いもの(机等)に関して、ああだこうだといえない、ということを示していると思います。さらにそのことがどういう意味や事態を示しているのか尋ねてみたいと思います。

八不というと、四組の二元対立の否定です。そこで一切の二元対立が否定された世界と考えられますが、そこは、一切の対立がなくなった状態というのとも、ちょっと異なる気がします。単なる無限定とか、無とかとは、やや異なるのではないかということです。八不とは、やはり今まで言ってきたように、まったくああだこうだといえない、つまり述語しえないということなのでした。一切の述語が成立しないということなのですが、それはそもそも、主語としてたてられるべきものがないからです。何々は、と言ってつかまえられるものがないからでしょう。

この、主語として把握しうるものがなく、したがって主語が立たないということは、心の中で対象的に把《つか》まえられたものがないということです。心の中に対象化されたものがないとなると、主体が主体のままにある、そのあり方が実現していることになります。というわけで、実は主体が主体のままにあるところ、そこでの自覚が八不だと私は思うのです。

主体が主体のままにあるところに、感覚・知覚が全然、無いわけではありません。むしろ色を見、音を聞きなどしていることでしょう。でも、そこが主語として対象化されない。だから、鐘がなればゴーン、雨がふればビチョビチョビチョ、しかもただそれだけ。そこに不生不滅の世界があるのだと思われます。主体が主体のままにあるといっても、客体に対する主体を想定して、結局、対象的に主体を考えて、しかもその主体として何か色も形もないものを夢想したりする、というようなことをしてはなりません。色を見、音を聞きつつしかもそれにとらわれない、跡をとどめない、生命をそっくり生き切っている、そんなところがこの八不ではないでしょうか。とすれば、八不は否定の極致のようで、肯定のもっとも極致の世界だったわけです。

八不も、『般若心経』の六不も、不生不滅で始まりますが、もともと不生なら滅することもない、不滅だということで、これは不生の二文字に切りつめられます。おそらく八不の全体が不生の一語に帰します。不生といえば、何といってもあの不生禅を唱えた江戸期の禅僧・盤珪《ばんけい》さんでしょう。あの盤珪さんの説法を、ここであらためて見てみましょう。

さて、皆の衆へいひまするは、親の産み付けてたもったは、仏心一つでござる。余の物は、一つも産み付けはさしゃりませぬ。その親の産み付けてたもった仏心は、不生にして霊明なものでござって、不生で一切の事が調ひまする。その不生で調ひまする証拠は、皆の衆がこちら向いて、身共が云ふことを聞いてござるうちに、後ろにて鳥の声、雀の声、それぞれの声が、聞かうとも思ふ念を生ぜずに居るに、鳥の声、雀の声が通じ別れて、聞き違はず聞かるるは、不生で聞くといふものでござる。そのごとくに皆、一切の事が不生で調ひまする。これが不生の証拠でござる。その不生にして霊明なる仏心に極まったと決定して、直に不生の仏心のままで居る人は、今生より未来永劫の、活如来でござるわいの。今日より活仏心で居る故に、我が宗を仏心宗と

いひまする。（永琢著、藤本槌重編著『盤珪禅師法語集』春秋社）

不生のただ中は、烏の声をカーカーと聞き、雀の声をチュンチュンと聞いている世界で、そこに一切が調った世界があるのだといいます。そこに、活如来がいるというのです。そして、

仏といふも、生じた跡の名でござれば、不生な人は、諸仏の本で居るといふものでござるわいの。不生なが一切の本、不生なが一切の始めでござる。不生より（外に）一切の本といふものなく、不生より（前に）一切の始めといふものもござらぬ故に、不生なれば、諸仏の本で居るといふものでござる。（同前）

ともあります。私は、ここここそが、『般若心経』のいう不生不滅・不垢不浄・不増不減の世界だと思います。言い換えれば、色即是空・空即是色の世界なのですが、しかもそれは、不生という、かえって絶対の生の中に見出《みいだ》されるべきものだと思うのです。

不生は、生死の苦しみの否定でもあります。輪廻を超えた世界は、未来の彼方《かなた》にあるのでなく、即今・此処の不生にこそあるのです。この不生という言葉は、仏教で大変重要な言葉です。浄土教でも、往生即無生といっています。単に、無生、生まれないという何

か無のような世界に入ることと誤解をうけやすいので、極楽往生《ごくらくおうじょう》は無生の生だということも言っています。一方、密教では、阿字本不生《あじほんぷしょう》という、重要な言葉があります。世界を構成する五大（地水火風空）や六大（上記と識）も、密教で見るとき、全然ちがうものを表現しますが、このとき、地大は本不生ということを意味するといいます。全然ちがうものを表本来不生ということは、密教において、世界の根本的な真実と見られていたのです。

もう一度、まとめて見ましょう。『般若心経』は、諸法は空性を特質としており、したがって、不生不滅・不垢不浄・不増不減であるといいます。このことに関して、事物には実体がなく、実体がないので生・滅などないとその理路を理解することができます。しかし、この理解はあくまでも理解であって、真に空や不生不滅等に徹した立場ではありません。空を対象的に了解したとしても、それだけで自己と世界の空が真実、体現されたとはいえず、了解する自己というものが無意識のうちに実体的に残存しています。本当に空そのものに徹したとき、不生不滅の当体に一如しますが、それは活動してやまない生命の先端であり、色を見、音を聞き、しかも跡をとどめず、主体のままにあります。そこに無心の自己がいて、無相の世界があります。自己と世界と分れる以前の一真実の世界がありますす。そこはつかまえられず、不可得です。しかも活発発地《かっぱっぱっち》に作用してやまないことでしょう。

こうして、空あるいは、一切の否定（八不）は、決してネガティヴな世界なのではなく、真の意味でもっともポジティヴな世界に他ならないのでした。『般若心経』は否定に終始しているようで、まさに力強い生命の世界を謳《うた》っているのでした。ここを体得したら、一切の災厄を免れたことになるのです。

第五章　一切法を空と説く

是《ぜ》故《こ》空中《くうちゅう》、無《む》色《しき》、無《む》受想行識《じゅそうぎょうしき》。
無《む》眼耳鼻舌身意《げんにびぜっしんい》、無《む》色声香味触法《しきしょうこうみそくほう》。
無《む》眼界《げんかい》、乃至《ないし》、無《む》意《い》識界《しきかい》。

したがって、この空性においては、五つの要素（五蘊）の中の色も無いし、受・想・行・識もありません。

十二の要素（十二処）の中、六つの器官（六根）の眼・耳・鼻・舌・身・意も無いし、六つの対象（六境）の色・声・香・味・触・法もありません。

十八の要素（十八界）の中、六つの器官（六根）の最初の眼界も無いし（そのあと、五根・六境・五識すべて無いし）、六つの感覚、知覚の最後の意識界もありません。

空中ということ

前章で、「不生不滅、不垢不浄、不増不減」というところを読みました。この句において、自己と世界の真実はもはやあますところなく明かされたと私は思います。それ以上、何をつけ足す必要もないと私は思うのですが、以下には、いわゆる小乗仏教で説かれた教義が、すべて無、無と否定されていきます。その初めにこの箇所では、五蘊《うん》・十二処・十八界のすべてが、無と否定されるわけです。

このことは、単に小乗仏教を否定するということだけなのではなく、一般の常識的な了解や通俗的な了解を含めて否定するものであり、むしろ了解というあり方の中にある対象的認識のありようそのものを否定、解体していこうとするものでしょう。そうして、一真実そのもの、リアリティそのものに出会わせようとするのです。したがって、旧来の仏教に説かれた五蘊・十二処・十八界や四諦《たい》・十二縁起だけでなく、さらには智慧《ちえ》すらもが無、無と否定されていきます。覚《さと》りの智慧に発する仏教において「無智亦無得」と智慧も得ること（所証）もないというのですから、実に逆説の極みですが、その核心は、要するに今の「無得」、対象的認識が一切、否定しつくされた地平にあることでしょう。

さて、その初めに、「是故空中」とありました。空は色等と区別されます。色等は現象世界だとすると、空はその本質・本性の世界です。ここでも空とあるも実際は空性、シュ一ニャターのことで、これは不変かつ普遍の本性を意味します。したがってそれは色等とは区別されるのですが、一方、色即是空・空即是色であることもいうまでもありません。そこで、ここに「是故空中」とはありますが、単に空性の中と読んですませるのでなく、色等と一つの空性の中と見るべきですし、そうすると、むしろ空を本質とする現象世界の中にあっては、ということにさえなるでしょう。

確かにこの空の中ということは、現象世界が各々自らの本体を持たないあり方にある、そのあり方の中では、の意と読めます。ただそういう了解・理解は、空ということを対象的に了解した立場であって、本当の意味で「不生不滅」等になりつくした立場ではありません。空ということが了解されているだけで、それが現実化しているわけではありません。空ということを対象的に了解している当の主体そのものが、まだ空化されずに残っている立場です。本当に自己そのものも空になりつくしたところは、八不のただ中というべきです。ところが、八不のただ中とは、絶対の主体がはたらきつくしていて対象化されない世界であり、現に見たり聞いたりして跡をとどめない世界のことでした。そこに真の意味での「色即是空・空即是色」があるわけです。「是故空中」といっても、色等と区別されない空性の中のことだと前に言ったのは、実はこのことを言いたかったからです。空中とあるも、実は一心に生き抜いているただ中、働いて働いて働きぬいてやまないただ中のことであるとうけとめるべきなのです。したがって、「是故空中」とは、最も充実した生のただ中にあっては、ということにならざるをえないことを、指摘しておきたいのです。

すべてを無として否定する

さて、そこではまず、「無色無受想行識」とありました。これは、色蘊・受蘊・想蘊・行蘊・識蘊の五蘊をすべて無と否定したものです。ついで「無眼耳鼻舌身意、無色声香味触法」とあります。これは、眼処・耳処・鼻処・舌処・身処・意処・色処・声処・香処・味処・触処・法処の十二処をすべて無と否定したものです。さらに「無眼界乃至無意識界」とあります。ここで乃至とは、途中を省略しますということで、眼界から意識界に至るまで、それらをすべて無と否定するというのです。すなわち、眼界・耳界・鼻界・舌界・身界・意界・色界・声界・香界・味界・触界・法界・眼識界・耳識界・鼻識解・舌識界・身識解・意識界の十八界をすべて無と否定するものです。十二処と十八界は似ていますが、十八界の方が六識の世界も説かれていて、より詳しくなっています。この六識は、十二処では、意根の中に含まれているものです。

以上、ここに五蘊・十二処・十八界がとりあげられて、そのすべてが無、無と否定されているわけです。五蘊・十二処・十八界をまとめて三科といいます。いずれも世界を分析して分けていったものです。科は分科の科であり、分けていくことを表わすことでしょう。科学というものも、対象を分けていく学問です。

この三科、五蘊・十二処・十八界については、すでに以前に説明しました（七六〜八〇頁参照）。以下の説明も前と重複するかもしれませんが、仏教の考え方の基本にかかわることなので、くり返し説明させていただきます。

小乗仏教では、簡単にいえば、「我空法有」の立場を採ります。常住で不変で主宰者であるような我（アートマン）は存在しない。しかしそのようなものを構成する要素は存在するという意味です。有るとされる法（ダルマ）は、この場合、自己や世界の構成要素に相当するもので、それには物質的なもの、精神的なものとともにあります。たとえば小乗仏教の代表的な部派、説一切有部《せついっさいうぶ》では、五位七十五法といって、物質的・精神的その他、あわせて七十五のダルマを分析したのでした。しかしもっと素朴な見方としては、自己もしくは世界の構成要素を、五つとか十二、十八に分析して、その要素の方は有るけれども、我というものはないのだと示したのでした。

五蘊の中、色蘊は、いわば物質的な要素、受・想・行・識の各蘊は精神的な要素です。心には、感情・認知・意志・知性と、別々の心があるというのです。こうして、身体とおよび別々の四つの心とが仮りに和合して個体的な現象が成立しているが、そこに常・一・主・宰の我は存在しないというのです。これが五蘊無我の説です。このようにしばしば五蘊無我といわれますので、五蘊は個人の構成要素をいうものと思われがちですが、もちろん世界の構成要素でもあります。世界が物質的・精神的要素から成立しているとしたら、それを五蘊というしかたでまとめることもできるわけです。

よく空海《くうかい》は世界を六大で説明したといいます。六大というのは、地・水・火・風・空・識の六つの元素のことで、この六大は一例に『倶舎論』に説く修行の五停心《ごじょうしん》の中の界分別観に見られたりします。この場合は、物質的要素の分析の方が詳しく、精神的要素は識の一つでしかいわれていません。しかしともあれ物質的要素と精神的要素の双方でもって、世界を説明しているわけです。同じように五蘊も、物質的要素と精神的要素の双方を含んでいるのですから、これによって世界を説明することもできるわけです。

十二処は、六根と六境で世界を分科して示し、十八界は六根・六境・六識で世界を分科して示しています。十八界の方が完全で、十二処の方は不完全なようにも感じますが、前にもいったように、六識は十二処では六根の中の意根に含まれていますので、不備があるわけではありません。この、六根・六境・六識という形で整理する十八界の考え方は、確かに我々の生命のあり方を的確に分析しているように感じます（以上、八〇頁図参照）。

こうして、五蘊・十二処・十八界は、いずれも世界をそれぞれの観点から分析して、それを構成する要素として摘出したものでした。小乗仏教は、こうした要素の存在を指摘して、我というものは存在しないと説いたのです。車輪は、骨・軸・輪等、種々の部品の集合体であって、車輪という一つの自体、一つの本体は存在しない。そのように物質的・精神的諸要素の集合体はありえても、我という一つの自体、一つの本体は存在しない、そのように説いて、自我に対する執著《しゅうじゃく》から解放させようとするのでした。自我に対する執著こそ、苦しみの根本に他ならないからです。

ところで、説一切有部の教理は、「三世実有《さんぜじつう》、法体恒有《ほったいごうう》」と言いならわされています。つまり法＝ダルマというものを、実体視する立場にあったわけです。法が実体だとすると、法が有るとの了解は、決して迷いにはなりません。むしろ正しい認識であるということになるでしょう。そういう、法を実体視する地平では、法執というものは成立しないことになります。我の実在は否定しますから、我は有るとの認識は迷いとなり、それは我執のことにも他ならず、これは断じていかれなければなりません。しかし、法が実在するなら、法が有るとの認識は正しく、したがって法執《ほっしゅう》というものも自覚されず、ゆえに法執というものが断たれるべきだとの認識が生まれません。

我執というものは、生死輪廻《しょうじりんね》の根源です。我執があるから、次の世にもまた生まれてきてしまうわけです。したがって我執を断つと、生死輪廻は止み、涅槃《ねはん》に入ることになります。小乗仏教は正にこのことをめざしています。しかし、その修行が完成して涅槃に入ると、ただ静寂なだけで、それ以上、何の活動もないということになります。はたしてこのようなことが、人間の生命にとって究極的にめざすべきことなのでしょうか。

涅槃に入ってそれ以上、何の活動もありえないのは、その人に智慧が実現していないからです。菩提《ぼだい》（覚り）を完成することがなかったからです。智慧を成就すれば、おのずから何ものにもとらわれず、他者に関わって生き抜いていくことができます。その完成した姿を体現するのが仏というものでしょう。この智慧を実現・成就するためには、我執だけでなく法執をも離れなければなりません。大乗仏教の場合、一切法空の立場に立ちますから、法が有るとの認識は法執になってしまいます。これは断ぜられなければならないことになるわけです。我執・法執の二執を断じつくしてはじめて、その人に智慧が実現するのです。それは、大乗の仏教徒たちの求道と体験の中に証されたことなのです。

もし法執を断じつくして、智慧が成就したとすると、涅槃もその様相を変えてきます。そこに成立する涅槃は、無住処涅槃となるのだというのです。無住処涅槃とは、生死にも住《とど》まらず、涅槃にも住まらないあり方が実現したところで、小乗のように涅槃に安住するあり方を克服して、むしろ生死の中に入って人々を救済してやまず、しかも生死に汚されないということになります。何ものにもとらわれず、さまたげられずに、働いて働いて働きぬいてやまない生き方が実現するということになるでしょう。それは、ひとえに法執をも断じつくすことによって可能となるのです。

我執に発する諸《もろもろ》の煩悩を煩悩障といいます。法執に発する諸の煩悩を所知障といいます。煩悩障とは、煩悩という障り、所知障は所知（知られるべきもの。真如、法性）への障り、という意味です。小乗は煩悩障だけを断じて満足しますが、大乗は煩悩障・所知障の二障を断じていくことをめざすのでした。

一切の法は空である

小乗仏教で、涅槃に入っておわりとなるのは、法執を断じないことと関係するのでしたが、このことはまた、法は有るという見方とも関係しているわけです。我空法有の立場に立つから、法執が断じられるということがないのです。しかし果たして、法は有るといえるのでしょうか。五蘊や十二処・十八界、また世界の構成要素として示された数々のダルマは、有るといえるのでしょうか。

世界の構成要素は種々に分析されたのでしたが、簡単にいえば、物と心（のおのおの構成要素）ということになるでしょう。この中、心は有るといえるでしょうか。心がなんらか実体的な存在として有るとは、ふつうは考えられないと思います。もし心が何か本体をもつ存在、実体としての存在だとしたら、それは作用をもちえず、したがって心とはいえないものとなるでしょう。しかし実際のところ我々は、そのつど作用としての精神現象を自覚するのみで、それ以上、実体的存在としての心を想定することはできません。

では、物は、実体のように変わらない自体をもつ存在なのでしょうか。しかし大体のものは、それ自身としての本体をもちません。たとえば瀬戸もののお茶碗《ちゃわん》は、土の粒子の集合体にすぎず、お茶碗という一つの本体をもつものではありません。スーツは糸を織り合わせたものであって、その糸はあってもスーツという一つの本体はありません。このような見方を推しすすめていくと、結局、これ以上分割できないものが実体だという、原子論の立場になってきます。しかし今日、原子と考えられているものも、さらに要素に分割され、究極はどうなっているのか、それ自体の本体をもつような存在を見出《みいだ》すことはむずかしいようです。

もっとも仏教の中では、物質的世界に関わるダルマは決して物ではなく、基本的に五根（五つの感覚器官）と五境（五つの感覚対象）です。五蘊の中の色蘊だって、物質的要素とはいうものの、詳しくいえばそうしたもの（五根・五境）になるのです。つまり、色とか音とかいう、個々の感覚のその個々の対象が中心なのです。色・音・匂い・味・触覚、その各々に、その各々としての実体的存在を見出すことはむずかしいでしょう。

我々はふつう、ある物が何か実体としてあって、それに色や音や匂いや味や感触などがあると考えています。個々の感覚の対象としての五境が帰属する何らかの基体があると考え、それが物の本体だと考えています。しかしそういう変わらない本体のような基体は、どこに見出されるでしょうか。さっきも言ったように、机は板の集まり、スーツも糸の集まり、茶碗も土の粒子の集まりで、それらにおよそ基体としての本体を見出すことは困難です。

以上は物に対するある一つの見方ですが、このように簡単に考えても、物に何か一つの本体（ある基体）があるとは思えません。五感の対象としての色・声・香・味・触が帰属すべき基体というものは、そうすると我々が勝手に想定しているにすぎないものかもしれません。

事実、我々が直接、知っているのは、物（基体）ではなく、色・声・香・味・触の各々以外、ありません。その意味で、仏教のダルマの分析は、極めて的確です。前に十八界は世界の構成要素として的確だといったのは、このような意味においてです。その五境は、時々刻々、変化していて、固定されたものではありません。それが我々の知っている直接の世界であり、おそらく物ないし基体は、この世界を基にしてあとから想定したものでしょう。

さらに、色・声・香・味・触は、視覚・聴覚・臭覚・味覚・触覚の中にあるもので、我々の主観の外のものではありません。それは、今日的にいえば、脳のつくり出した映像のようなものです。それが我々の直接の世界とすると、一体、物はどこにありえるのでしょう。こうして、心はもちろん、物も実体としての存在は認められないことになってきます。唯識《ゆいしき》などの見方を援用すれば、もっと詳しくこの辺を説明することができますが、今は深入りするのはやめておきましょう。ともかく、心にも物にも、ちょっと考えただけでも、本体的存在を見出すことはできないだろうと思われます。

とすれば、正に一切法は空でしょう。この一切法は空であるという真実を知った大乗菩薩の修行者は、これまで法は有ると説かれていたことは誤りである、と主張せずにはいられませんでした。我空法有《がくうほうう》の立場ではまだだめだ、我法倶空《くくう》、一切法空の真実を人々に知らせなければならない、と思ったのです。言い換えれば、我々は決して我執だけに苦しんでいるのではない、法執をも有していて、そのことによって迷いの中に沈んでいて、根本的な苦しみから解脱《げだつ》できずにいるのだと気づいてもらわなければならないと思ったのです。本来、実体的存在でないものを実体として認めてしまう、そこに根本的な無知がある、それが、生命の本来のありようを深く阻害している、このことをなんとしても人々に訴えずにはいられなかったのです。

前にも言うように、我執に発する煩悩《ぼんのう》（煩悩障）を断じ尽せば生死輪廻から解放されて涅槃に入ります。しかしただそれだけです。法執に発する煩悩（所知障）をも断じ尽くせば菩提（覚りの智慧）が実現して、本来の生命の可能性を十分に発揮していくことができ、苦しみ悩める人々に関わっていくことができます。大乗仏教は、ここにこそ人間のもっとも理想とすべきあり方があると考えたのでした。そこで、実際に本体を持たない世界に根ざして法の空も説き、法執の迷いを自覚させようとしたのです。それが、ここにある、「無色無受想行識、無眼耳鼻舌身意、無色声香味触法、無眼界乃至無意識界」の意味です。以下につづくしばらくの教説も、この意味の中で説かれたことです。

くり返しますが、このことは、単に小乗の教理を否定するというだけではありません。我というのは、要は主体的存在を実体視したものです。ですから、衆生とか人とかそういう存在を実体（不変に存在するもの）的にとらえてしまったなら、そこにも我執がありま す、声聞《しょうもん》とか菩薩とかを実体視したなら、やはりそこにも我執があるといえます。もちろん根本的には、自分自身の実体視が我執の根本でしょうが、そういう存在を他の主体的存在に認めても、それは我執の一部です。

一方、法はいわば世界の構成要素みたいなもので、いちがいに我々がふつう考えている物とも同じとは言えないのですが、要は客体的存在のことで、法執はそれを実体視していくものです。簡単にいえば、何であれ客体的存在を実体として認めるのが法執です。「無色無受想行識……」の意味は、単に小乗の教理を否定するのみでなく、要はおよそ客体的存在の実体視を否定するところにあるといえます。とすると、それは我々のふだん日常の世界の見方、物というかたちで客体的存在の一つ一つに基体を認めるような見方が、根本的に誤りであることを告げているものと受けとめられるでしょう。

こうして、『般若心経』は、五蘊・十二処・十八界を否定し、我のみでなく法も空だと断定します。我々の法執に基づくさまざまな苦しみからの解放をめざして、「無色無受想行識……」といいます。ただ、この経典では、なぜそれらが空なのか、無と否定されなければならないのか、その道理、筋道を説くことはしていません。縁起の故にとか、唯識の故にとか、なんらかのその説明がまったくなされていないといわざるをえません。それはなぜかというと、ともかく一切法は空であるとの直覚的な認識、洞察があって、そこから直ちに説法しているからでしょう。いうまでもなくその認識は、般若の智慧の中にあったのでした。この経典の初めに、「行深般若波羅蜜多時」と、深い深い般若波羅蜜多を行じたとき（実は深い般若波羅蜜多によって行じせしめられたとき）、一切法空を照見したとありました。それは一切法空の世界を、ありありと体証している世界でしょう。そこから直接、教えを説いているがゆえに、なぜ空なのか、の理論的な反省をふまえた説明はいまだなされていません。それだけにこの経典には、般若波羅蜜多そのものが躍動している、ということができます。「無色無受想行識……」という簡潔で力強い説示の中に、般若波羅蜜多が生き生きと脈打っていると感じずにはいられないのです。

第六章　輪廻の迷いを超えて

無《む》無明《むみょう》、亦無《やくむ》無明尽《むみょうじん》、
乃至《ないし》、
無《む》老死《ろうし》、亦無《やくむ》老死《ろうし》尽《じん》。

また、十二縁起説の初めの無明も無いし、その無明が尽きることもありません。（途中のすべても同様であり、）終りの老死も無いし、その老死が尽きることもありません。

十二縁起の否定

前章で、五蘊・十二処・十八界を無と否定する箇所を見ましたが、今度は、十二縁起の否定です。これは、十二因縁とも言われますが、細かくいうと、十二縁起の方がよろしいようです。なぜかというと、十二の各項目の間に、必ずしも因―果の関係ばかりがあるわけではないからです。

それはともかく、まず初めに、十二縁起とは何のことなのか、説明しなければならないでしょう。それはたとえば、『律蔵』「大品」の中にある仏伝の、釈尊の成道《じょうどう》の様子を描く場面に出てきたりするもので、我々の苦しみの由来を徹底的に掘り下げ、その原因を解明したものです。このことを釈尊は、悟りの眼でもって照らし出したのでした。

おそらく、その最初の問題意識としては、苦しみ以外の何ものでもない我々のこの生存は、一体、何に由来しているのか、と見究めていったのだと思われます。そうして、釈尊は観察を重ねて、ついにその根本的な原因として、無明というものがあるとつきとめたのでした。その根本原因である無明があるから、いろいろな過程を経て、この苦しみの生存があることを解明したのです。その過程において、十二の項目の間の縁起の関係があると示したのが、十二縁起です。それは、次のようなものです。

無明↓行↓識↓名色↓六入↓触↓受↓愛↓取↓有↓生↓老死

各項目の意味は、術語に拠《よ》っていますので、すぐには了解できないことでしょう。そのことについては、後ほど簡単に図表で紹介しますが（一三九〜一四二頁参照）、ともかく、無明があるから行がある、行があるから識がある、識があるから名色がある、……という関係がつみ重なって、最終的に老死の現実がある、と説いているものです。すべてはひとえに無明を起因としていたと、はっきりわかったというわけです。

無明とは、どんなものでしょうか。『成唯識論』の説明によると、「諸の理と事とのうえに、迷闇なるをもって性と為し、能《よ》く無癡（無明のないこと）を障え、一切の雑染が所依たるをもって業と為す」とあります。現象の各々やその本性に関して、その真実をはっきり知ることができずにいて、暗いままにあるのが無明というものの性質です。この無明があると、さまざまな煩悩《ぼんのう》や、業や、苦しみといった一切の雑染《ぞうぜん》をもたらすといいます。

私たちはこの根本的な無知をかかえていて、そのために眼が曇らされているにもかかわらず、そのことに気づくことはなかなかできません。私たちは成長するに従っていろいろと勉強してきて、およそ世の中の大体のことは判っていると思っています。しかし仏教では、それでも本当のことは分かっておらず、迷いの中にいるのだというのです。

しかもそのこと自体、私たちは自覚しえずにいます。私たちが夢を見ているとき、これが夢だとは分かりません。夢から覚めてのち、あれは夢だったと気づきます。それと同じように、私たちは現に無明の中にいるのですが、何が無明なのか、そのことは分からずにいます。ことがらの真実を知らずにおり、しかも知らずにいることも知らずにいる。そういう根本的な無知をなぜか人間は生まれつきかかえている。それが私たちの苦しみの根本的な要因であるというのです。これがあって、それを背景にさまざまな行為を行う（行＝業）ことにより、業を形成し、ひいては苦しみ以外のなにものでもない自己として存在してしまう、そう十二縁起の説は明かすのです。

しかしこのことがはっきりすれば、それなら要は無明さえ滅せばよいのだと、問題解決のめどがたちます。無明があるから、行があり、識があり、……生があり、老死がある（今、……で間を省略しましたが、そのように間を省略することを示す言葉が、「乃至《ないし》」です）。とすれば、無明がなければ、行はない、行がなければ識はない、……生がなければ、老死はない、ということにならざるをえません。ですから無明こそ根本の問題で、ゆえに無明さえ滅せば問題は解決する、ということが十二縁起の教説のもっとも重要な意味でありま す。

このように、十二縁起というものは、苦しみの生起のしくみの究明であり、かつ苦しみの滅尽の方途の解明でもあるものです。十二縁起は観察の対象となっていますが、前者の、無明があるから行がある等と見ていくのを順観、後者の、無明がなければ行はない等と見ていくのを逆観といいます。

というわけで、仏伝の釈尊の成道の場面にも出てきますし、仏教においてこの十二縁起説はなかなか重要な教説なのですが、『般若心経』は、「無無明亦無無明尽、乃至、無老死亦無老死尽」と、そのすべてを無と否定しています。無無明乃至無老死で、順観の十二縁起を否定し、無無明尽乃至無老死尽で逆観の十二縁起を否定しています。十二縁起の順観、逆観双方をすべて否定する、そのことを、「無無明亦無無明尽、乃至、無老死亦無老死尽」と、『般若心経』は説くのでした。

否定による解放

この箇所の意味は、おおよそそういうことなのですが、しかしながら、ではこの無という否定は、どんなことを言おうとしてのことなのでしょうか。たとえば、十二の項目の各々について、無と否定したのでしょうか。それとも十二縁起という事柄自体、十二縁起という縁起の関係自体を否定したのでしょうか。

まず考えられるのは、各項目を否定したということです。もう少し詳しくいえば、各項目が実体的存在としてあると見なされたものについて、そういう存在はないと否定したということです。

前章にも見ましたように、五蘊・十二処・十八界の否定は、小乗のように我を否定するだけではなく、法の実体視をも否定するという意味合いがあるのでした。それは、客体的存在として実体視されたものを否定するということです。こうして、我執からのみでなく法執《ほっしゅう》からも解放されることによって、かえって真実の生命、真実の自己を十全に発揮・実現しうるのでした。

十二縁起も、小乗仏教の重要な教義であり、これを否定することは、小乗仏教の立場を否定するという意味合いがあります。特に声聞《しょうもん》には四諦《たい》（苦・集・滅・道）の法門が説かれ、縁覚《えんがく》（独覚）には十二縁起の法門が説かれたのだと古来、言われています（『法華経』「序品」他参照）。縁覚は、十二縁起を観察して、無明を除滅し、涅槃《ねはん》に入ります。涅槃に入って、そこでもう満足してしまいます。

この場合、やはり我執のみを断じ尽すのであって、法執（あるいは所知障）は、残存しています。十二縁起の各項目、無明・行・識等々を実体視し、あるいは少なくともその存在を疑わず、そのうえで無明に原因があるということを観察し、我執のみ対治《たいじ》・捨離していくのです。

無明を実体と見るなどということは、一体、何を意味しているのでしょうか。小乗仏教の世界の分析、すなわちアビダルマ（法の研究）においては、無明も一つのダルマ（法）

です。この場合のダルマとは、「自らの特質を維持するもの」、「任持自性、軌生物解《きしょうもつげ》」のもの、つまりいわば世界の構成要素のようなもののことでした。代表的な説一切有《せついっさいう》部《ぶ》の五位七十五法の中では、無明は心所《しんしょう》有法《ほう》というダルマの中の大煩悩地法の一つとしてかぞえられています。

小乗仏教（説一切有部など）では、これらの法（ダルマ）は有るけれども、常・一・主・宰の我（アートマン）はないと説くのでした。その実体視されたダルマによって、十二縁起説は構成されていると見られるのです。

無明は心所有法の一つでした。つまりダルマの一つにほかなりません。では行はどうでしょうか。行は、業のことで、まず行為のことを意味します。さらにインドでは、ある行為を行うと、そのことが未来にある結果を招来すると考えました。行為は必ず未来にそれにふさわしいある結果をもたらしてしまうのです。その結果が生まれるのは、未来のいつの時点のことになるのか、それは分りませんが、結果を招かないうちはどんなに時間がたっても（百生あとでも）その効力を失わないといいます。これが業の理論の基本ですが、業とは、したがって、行為とその影響力とを合わせていったものになります。

そのようなものが行なら、それはもとより実体的存在とは考えにくいと思われるかもしれませんが、しかし、小乗仏教によればその行も結局、ダルマによって成立していると見るべきものなのです。というのも、仏教では行為を身・語・意の三方面から見ますが、その身体的行為も、発語的行為も、心的行為も、すべてはなんらかのダルマの相続、流れに他ならないからです。ダルマ自体は特に説一切有部では、三世実有《さんぜじつう》・法体恒有《ほったいごうう》なのでしたが、その用は刹那《せつな》のうちに滅するといいます。多くの同種のダルマの刹那刹那の用の相続が、ある行為であり、そのダルマの本体が過去となってもありつづけることにおいて、未来への影響力がそこに保持されることになります。

身・語・意の三業がすべてダルマであることを簡単に説明しますと、まず意業は心所有法の思のダルマです。思という名のダルマがあるのです。それは大体、意志に相当するものです。身業は形色の色法、簡単にいえば、身体の行為は、そのつどそのつどの身体の「形」のダルマの相続と見るのです。語業も声（音のこと、聴覚の対象）を体とすると見ます。こうして、行（業）もやはりダルマより成立しているのです。（なお、身・語の二業には表に知られない無表業もあります。）

もはや詳しくは述べませんが、こうして、十二縁起はすべて、ダルマの集合・離散で説明しうるものです。その一々のダルマは、説一切有部によれば、三世実有・法体恒有で、実体的存在と見なされていたわけです。そのようにダルマを実体視しながら十二縁起を説いていた小乗仏教に対して、大乗の、一切法空の立場に立つ『般若心経』は、それらは無いのだと否定したと考えられます。それが、無無明であり乃至無老死です。こうして、実体的存在としてのダルマは無いということを、もう一度、十二縁起の否定という形の中で示したと考えられます。

もちろん、無いものが滅尽することはありません。そこで無無明尽であり乃至無老死尽でもあります。これを合わせて、「無無明亦無無明尽、乃至、無老死亦無老死尽」と説いているわけです。

というわけで、十二縁起の各項目が実体的存在ではないことを知ることによって、ここでの法執からも解放されていきます。そうすると智慧《ちえ》が成就し、単に涅槃に入って満足というだけではない、何ものにもひきずり回されない、自在の、その意味で苦しみを超えた主体が実現するということになります。以上、まずは無と否定する意味を、そのように解することができます。

生死輪廻のとらえ方

さてこの箇所、無と否定する意味はそれだけでしょうか。もしそうだとすると、実体的存在による縁起はないが、空を本質とする現象としての各項目間の縁起までは否定しないということになるのでしょうか。つまり十二縁起のような縁起の関係性そのものは、あくまでも各項目が空を本質とするという前提において、つまり実体ではない現象において否定されていないと見るべきなのでしょうか。

そこでこの問題を考えていくことにあたって、もう一度、十二縁起の説くところを検討

のと簡単に言っておきましょう。前に十二縁起は、私たちの苦しみの生起や滅尽のしくみを解明したものと簡単に言っておきましたが、それはもっと重要な教義と結びついたものなのです。十二縁起は実は、生死輪廻《しょうじりんね》を説明する理論にも他ならないのです。あの「仏伝」に出る十二縁起も、本来、生死輪廻を解明したものなのかどうか、にわかには量りかねますが、少なくとも説一切有部でも、中観《ちゅうがん》・唯識《ゆいしき》でも、十二縁起は生死輪廻のしくみを解明するものとうけとめています。もちろん逆観においては、生死から涅槃へと向かう（流転門に対する還滅門《げんめつ》）道すじが明かされるということになります。

とすれば、『般若心経』は、十二縁起の否定において、生死輪廻そのものを否定したのでしょうか、それとも生死輪廻という事柄自体は否定しなかったのでしょうか。また、仏教の中にあって、生死輪廻というような問題を、どのようにうけとめるべきなのでしょうか。

これは非常に大きな問題です。

ともあれ、十二縁起が生死輪廻のしくみを説明している様子を、説一切有部の説によって、次の図表により簡単に紹介しておきましょう。

無明←行←識←名色←六入←触←受←愛←取

無明　根本的無知
行　無明に基づく行為およびその影響力（業）
識　母胎に受生した瞬間
名色　器官が形成される前の胎児（受生後四週間余）
六入　器官が形成された後の胎児
触　母胎からの出生（以後二、三歳まで）
受　感情を伴う認識の生起する頃（四、五歳〜十二、三歳）
愛　欲望を伴う認識の生起する頃（十四、五歳以後）
取　激しい執著を伴う認識の生起する頃（青年期以後）

過去世（無明・行）
現在世（識・名色・六入・触・受・愛・取）

←有　愛・取によって作られた業のこと。未来の果を約束する
←生　未来にある所に受生する瞬間　　　未来世
←老死　生以後死ぬまで

このように、説一切有部の見方では、十二項目の中に、過去世から現在世へと、現在世から未来世への二つの因果関係が織りこまれていると見ます。これを三世両重（両重は二重ということ）の因果説と言います。そうなりますと、仏教では、生死輪廻は当然のこととして肯定していると言わざるをえないかのようです。大乗の唯識も、二世一重の因果説と、見方はかなり異なりますが、十二縁起は生死輪廻のからくりを説明するものと見ているることに違いはありません。そもそも唯識で阿頼耶識《あらやしき》という意識下の識を説くのは、無我を前提としつついかに生死輪廻を説明するかという切実な課題によるものだったのです。とすれば、生死輪廻という事柄自体は、否定しえないとさえ思われてきます。

実際、仏教はまた別の角度から生死輪廻を説明しています。それは、生有《しょうう》↓本有↓死有↓中有↓生有↓……という四有の連環を説くものです。いずれの境位も有、存在もしくは

生存（五蘊として）に他ならないというのです。生有は、生まれた瞬間、その一刹那を言います。本有は、生まれてより死ぬまでの生涯のことです。死有は死ぬ瞬間、その一刹那のことです。そして中有は、死有より生有までの間の生存、いわばあの世の生存のことです。

死有を迎えるとき、身体中に四、五百あるというツボのようなものが、断割されて大いに苦しむことがあるといいます。そのツボのようなものを、サンスクリットでマルマンといい、これを漢字で音写して末摩と書きます。死に際して、末摩《まつま》が断割されて苦しむ、これが断末摩の苦しみです。断―末摩の苦しみであり、決して断末―魔の苦しみではありません。

死有の一刹那を経過すると、中有に入ります。このとき光に出会うといいます。他の臨死体験の多くが言っていることと一致しています。中有では、それまでの業によって、次の世に生まれる世界がすでに決定している、その世界の生き物の姿をしているといいます。六道輪廻または六趣輪廻といって、地獄・餓鬼・畜生・修羅・人間・天上のいずれかに生まれていくわけで、また人間界に生まれるべき者は、中有にあって、やや小ぶりの人間の形をしているといいます。畜生に生まれるべき者は、やはりその畜生らしい姿をしているのでしょう。しかしその存在を、私たちの肉眼で見ることはできないといわれます。中有の存在同士では、上位の者は、下位の者を見ることができるそうです。その身体は、岩や山なども通り抜けていくことができて、行きたいと思ったところへすぐにでも到達することができるといいます。

中有では、その者が死んでから七日目ごとに、次の世に生まれていく可能性があります。どんなに遅くとも、四十九日の間には、業に随《したが》い、次の世に生まれていきます。中有は、中陰ともいうわけで、満中陰は、中有の生存が終了したであろう節目に行われる法要です。この間に、一所懸命お経を読誦《どくじゅ》してあげると、よりよい世界に生まれうると信じられて、初七日の法要等々が行われるわけです。

まるであの世を見てきたような話で、この説によれば、生死輪廻はまちがいなく存在すると考えられてしまうことでしょう。

しかしながら、『般若心経』は、「無無明亦無無明尽、乃至、無老死亦無老死尽」と説示します。一体、生死輪廻の説に対して、どのように考えればよいのでしょうか。次に考察してみましょう。

死後の世界と生死輪廻

もう一度、問いをはっきりさせましょう。この句、「無無明亦無無明尽、乃至、無老死亦無老死尽」においては、十二縁起の順観、逆観双方を否定しているのでした。果たしてこのことは、十二縁起の各項目（すなわちそれぞれのダルマ）に関して、それが実体的存在としては存在しないということをいっているのみなのでしょうか。それとも、十二縁起そのもの、言い換えれば生死輪廻という事態そのものをも否定しているのでしょうか。

前者のことがその意味に含まれていることは、いずれにせよまちがいありません。問題は、後者についてどう考えるかです。一体、生死輪廻ということは、本当にあるのでしょうか。もうちょっと簡単に言いますと、あの世はあるのでしょうか。これよりこの問題について、考察してみましょう。

元来、釈尊は、死後のことについては、問われても何も言わなかったといいます。釈尊に「十四無記」の説があったということは、比較的有名なことです。確かに経験・実証されないことについては、軽々にものを言うわけにはまいりません。最近多数の臨死体験の報告があるといっても、それらはあくまでも生き返った人の報告であって、真に死んだ人の報告ではなく、したがって真に死んだのちの世界の見聞とは言いきれません。

釈尊が死後の世界の有無に関して、無記の立場に立たれたことと関連して、実際、仏教では、常見と断見の二見を離れ、中道に立てといいます。断・常の二見を離れるべきことは、仏典にしばしば説かれています。つまり、死後にも自分が存在すると見るべきではないし、死後には自分は存在しないと見るべきでもないというのです。死後の自分の存続を考えるのが常見、死後の自分の消滅を考えるのが断見で、この両者は厳に誡《いまし》められるのでした。確かにこの立場は、あの釈尊の無記の立場に直結していることでしょう。

もっとも、そこで常住と考えられたり断滅と考えられたりするものは何なのか、吟味してみますと、それは自分として想定されたものであり、つまり我として対象的に捉《とら》えられたもの、我見の対象としての我に他なりません。『成唯識論』は、この常・断の二見を辺《へん》執見《じっけん》という根本煩悩の一つとして語りますが、そこには次のようにあります。「二には辺執見。謂く即ち彼れが於《うえ》に随って断・常と執するぞ。」「彼れ」、すなわち五蘊を対象に、それを自我と見なして（随って）、それが断滅である、あるいは常住であると執するのが、辺執見で、結局、我見の対象としての我について、常住・断滅のいずれかを考えることといえるでしょう。我見は、薩迦耶見《さつがやけん》ともいいますが、五蘊のうえに、我である、我のものであると執する煩悩のことです。つまり、自己としての現象のみの事に対して、常・一・主・宰の実体的存在、変わらない自我を認めてしまうものです。それは、実は実在しない、虚妄の存在です。そういうものを誤って想定したうえで、さらにそれが常住であるとか、断滅であるとか判断するのは、辺執であり誤りであるというのです。

そうだとすると、断・常の辺執見の誤りの前に、すでに我見そのものの誤りがあることになります。したがって、私たちは根本的に我見そのものを、注意深く離れていかなければならないことになります。

こうして、私たちが死後の世界はあるとか、生死輪廻があるとか言ったり考えたりするとき、何か自分というものを想定して、それが続くとかなくなるとか考えているのが実情でしょう。仏教から見て、そこで問題なのは、死後の世界があるかないかよりも、無意識のうちにも想定されている自分という存在のその内容の方です。何か変わらない自分というものが、しかも対象的に考えられていて、さらにそれに執著《しゅうじゃく》もしていて、そのうえでそういうものが続くとか続かないとか考えるのでは、そもそもその前提に想定されている自分という存在が問題です。死後の世界があるかないかより、その自分というものは一体何なのか、このことを深く見究めなければ、問題は解決しません。自我を妄執したままでいるなら、仮に死後の世界があっても、そのまま迷いが続くだけで、再生後も、自己の真実に目覚めることなく苦しみつづける事態は何ら変わらないことになるでしょう。つまり死後の世界があるからといって、何も安心できない、何も喜ぶことはできないということです。むしろこの世でなお我執にとらわれたままなので、次の世にまた人間界に生まれるかどうかもわからないことになるでしょう。

私たちはよく死後の世界があるかないか論じようとしたり関心をもったりしますが、このときもっと重要な問題は、続くのであろうと想定される自分とは、一体どういう性格のものなのか、本当の自己とは一体何なのか、このことをまさに今、生きているこの生命(自己)に即して究明することです。

自分は死後は一切、存在しないと考える断見も排除されるのは、現に死後の世界があるからではないでしょう。やはり断滅するという述語で語られる主語の内容、対象的に捉えられた我そのものが問題だからでしょう。そもそも虚妄の我について、とやかく述べることは無意味です。したがって、常とも断とも、有とも無とも、言わないわけです。

主人公を自覚する

なるほど死後の世界を簡単にあるとかないとかいえないことはわかった、しかし常・一・主・宰の我ではない、実体的存在ではない、(空なる) いわば現象のみの自分は続いていくことはありうるのではないか、と考える人もいることでしょう。たとえば、仏教では六神通という神通力の世界が語られますが、この中に宿命通《しゅくみょうつう》というものがあります。宿命通は、人の過去世を見る超能力のようなものです。あるいはまた、釈尊はこの世で生死を解脱《げだつ》し、後有《ごう》 (未来の世の生) をうけなくなったけれど、そこに到達するまでには、はるか過去世よりくり返し修行してきたと、その過去世物語 (本生譚《たん》・ジャータカ等) が作られたりしています。仏教において広く見られるこうしたことからすれば、やはり生死輪廻というものはあり、何らかの形で死後の世界はあるというべきなのでしょうか。

私は、このとき、二つのことを考えなければならないと思います。一つは、実体でない現象としての自分が続くという考えにおいて、その自分は本当の自己を言いあてているのか、ということです。もう一つは、そのような形で生死輪廻があるとしたなら、私たちはその事態の前にどう対処すべきなのか、ということです。

まず初めの問題ですが、実体的存在ではないが現象としての自分（我）はある、という了解・認識は、現象とはいえやはり自分というものを対象的に設定して、主語として立てて、それに対して述語するという形になっています。何らか我というものが対象的に把握されていますが、しかし本来の自己は、単に対象化されたものではなく、むしろ主体の側、対象化されない側にあるでしょう。この生きているかけがえのない自己に即して、その自己そのものは、決して対象化されえないわけです。

本当の自己はむしろそこにあるのに、私たちはどうしても自分というものを何らか意識の中で対象化して、それが自分だと思って、それに対してあれこれ言ったりします。仮に実体でないと了解していても、現象としての自己ではあっても、そういう形で意識化され、対象化されたものは、本当の自己そのものではありません。そうすると、現象としての自己という了解もまだ迷いの中であり、そういう了解を持ったからといって、決して問題が解決したわけではありません。

確かに、私たちは常に実体のような存在（常・一・主・宰）の我として自分を無意識のうちにも捉えていますから、そういう我の存在を否定することには大きな意味があります。しかし自己は現象にすぎない、空なる存在だと了解する立場もまた、なお自己を対象的に想定しているのであり、決して本来の自己の明らかな、円《まど》かな自覚ではありません。実体的存在としての我を否定することは、それに対する執著、我執から解放させるためであり、それは実は、自己に対象的に関わり、むしろその対象に拘束・支配されてやまないあり方から解放して、主体そのものとしての真実の自己を自覚させるためです。そのとき初めて、迷いの世界、生死輪廻から解放されるでしょう。

そうすると、現象としての自己が縁起の中で生死輪廻していくという了解にとどまることはできません。そこに腰をおちつけてよしとしておくことはできません。さらにその了解をも否定して、のり超えて、本当の自己そのものを明らかに自覚することが必要です。その意味で、『般若心経』において、十二縁起（の順観・逆観）が否定されていると考えることができるでしょう。たとえ空ということを了解しているとはいえ、了解の立場で、なにものかを主語として設定し述語するのは、真実に合致しないということです。したがって徹底的に縁起の言表でさえ否定されるということです。『般若心経』に前に「不生不滅」等とあったのは、まさにこのところを言っていると考えられます。

『無門関』第十二則に、「巌喚主人」の話があります。瑞巌《ずいがん》和尚は、毎日、自ら「主人公」と呼び、そして自分で「惺惺着。喏。他時異日、人の瞞を受くること莫れ。喏喏」と答えていたといいます。ここに、無門は、「学道の人、真を識《し》らざるは、只だ従前より識神を認《と》むるが為なり。無量劫来、生死の本、痴人喚んで本来人と作す」との詩を付しました。識神の中に知られた自分を、あるいは識神としての自己を本来の自分だと思っているから、永遠に生死輪廻せざるをえないというのです。真の主人公を自覚し、人の、世間の通念にだまされないことが肝要だというのです。十二縁起（生死輪廻）も突破したところに本当の自己がいるのですから、何よりも大事なことは、縁起説を意識の地平で了解することに固執することではなく、それよりも真実の自己、主人公そのものを即今《いま》・此処《ここ》において自覚することです。そのためにも、十二縁起は否定されなければならなかったのでした。

要は、現象としてであれ、対象化された自分が自分だと思っていると、そこでは本当の自分を見失うということです。西田幾多郎《にしだきたろう》も、晩年最後の論文「場所的論理と宗教的世界観」の中で、対象的に自己を捉えるのが迷いだと言っています。ですから、実体であれ現象であれ対象化された自分ではない、真実の自己を即今・此処に見るべき（このとき、見は性で性は見）であり、真に自由な、生き生きとした自己を実現すべきであって、死後の世界があるかないかなどというような事には心を用いるべきではありません。

業果を離れる道

それはそうだとしても、仏教がそのようにずうっと生死輪廻のことは説いてきたのですから、それを認めるべきではないか、と思う人もいることでしょう。そこで、今の主体そのものに立つ（故に対象的分別を離れる）勝義の立場から百歩ゆずって、教説通り、生死輪廻を認めることにしましょう。このとき、考えるべき重要なことは、どのようなことでしょうか。

十二縁起の説は、迷い・苦しみの根本には無明があるということを告げていると同時に、自業自得ということをはっきり示すものです。無明を背景とした行＝業の結果、苦しみがもたらされるという、その道理を示すものです。行為には必ずその結果があるという命題は、私たちがどのように行為すべきかのもっとも根本的な基準をもたらしてくれます。もし、行為に何の結果も伴わないとしたら、どうなるでしょうか。悪しき行為に罰も苦しみもないとすれば、人はしたい放題、好き勝手にふるまうことでしょう。あるいは良き行為に報償も楽しみもないとすれば、人は何をしたって無駄だと、しらけ無気力になり、生きていくことができなくさえなるでしょう。したがって、行為にはそれにふさわしい結果がもたらされるという道理は、人がどのような行為をなすべきかの基準となってくれます。

ただし、この世に生きている間は、目立ってその人の行為に相応の結果が現われるとは限りません。相当な悪事をはたらいていながら、世間的に栄えている人もけっこういますし、世のため人のために黙々と尽くしながら何一つ報われない人もいます。しかしながら、この世では直ちにその結果が現われないとしても、次の世か、さらに後の未来の世に必ず結果が現われるとしたら、この、行為には必ず相応の結果がつきまとうという道理も深く納得されてきます。生死輪廻の説とは、そういうものです。こうして、業の理論は、人々の行為の基準となっているのです。

釈尊が世にお出ましになった時代、それまでインド社会を支配していたバラモン教の枠組がやや揺らいだ時代でした。バラモン教は、アートマン即ブラフマン、つまり梵我《ぼんが》一如《いちにょ》を謳《うた》ってその自覚に解脱があることを説き、一方、業による輪廻も示して、バラモンに祈《き》禱《とう》を頼んで福を積めば来世には楽しみの多い天に生まれうると人々に勧めました。しかし釈尊が出た時代の多くの自由思想家らは、アートマンを否定したり、業の理論を否定したりして、反バラモン教の思想を口々に主張しました。釈尊もその中の一人に他ならないのですが、釈尊はアートマンは否定するも、しかし業説は否定しなかったといえます。無我は強く主張したのですが、業は強く肯定したのです。釈尊が業説を否定しなかったのは、何を行ってもいい、もしくは何を行っても意味がないという、いわばニヒリズムに陥るのを避けるという意味があったでしょう。この結果、釈尊はカンマ・ヴァーディン、すなわち業論者(カンマはパーリ語、サンスクリットのカルマ)と呼ばれたのでした。このことを背景に、仏教では生死輪廻の説が語りつがれてきているわけです。すなわち、善を修すれば楽の果がある、悪を犯せば苦の果があるということを明瞭《めいりょう》に示して、自己の行為への反省を迫るものが十二縁起説なのです。

とすれば、生死輪廻を説く十二縁起の説に、死後の世界があるのだといって安心するわけにはいきません。死後の世界もあるのだとすれば、私たちはますます次の世にどのような苦しみを受けるのか、心配せずにはいられないでしょう。なぜなら、私たちは日常、自分に深く耽著《たんじゃく》し、ものに激しく愛着し、欲望のかぎりを尽くし、怒ったり怨《うら》んだりして人と争い傷つけて、生活しています。常に他人や環境に不平不満をもらし、自分には甘く反省することもありません。こんなことをくり返していれば、死んでのち次の世にもまた人間に生まれることなど、とうてい叶《かな》わないことでしょう。まことに地獄必定《ひつじょう》の私です。死後の世界があるとしたら、かえって恐ろしい限りです。

こういう実相はけっこう無視して、ただ自分は死後もつづくと漠然と考え心の気休めとしている人も多いですが、仏教の説からいえば、生死輪廻があるということは恐怖以外の何ものでもありません。畜生か餓鬼か地獄か、どこに生まれるか分からないのですから。死後の世界があるなら、おそらく苦しみを招くことまちがいないということを想うべきです。とても安閑としてはいられないはずです。

そこで、私たちは仏教の説くところをよく了解して、仏道を歩んでいくべきでしょう。聞・思・修といいますが、まず教えを聞き、これをじっくり考えて、そして実際に善を修することが必要になります。善を修すれば、楽しみのより多い世界に生まれうるのであり、ひいては生死の苦しみを解脱しうるからです。

では、善とは、どういうものでしょう。善とは、要するに修行なのですが、それは古来、戒《かい》・定《じょう》・慧《え》の三学といわれています。生活をつつしみ、心を統一して、智慧《ちえ》をみがくのです。さらに大乗仏教では、布施《ふせ》・持戒《じかい》・忍辱《にんにく》・精進《しょうじん》・禅定《ぜんじょう》・智慧の六つの波羅蜜（パーラミター）が説かれたのでした。『般若心経』は、その中でも般若波羅蜜多を最重要視するわけです。

では、般若波羅蜜多の智慧の世界とは、どのようなものでしょうか。いうまでもなく、我のみでなく、法も空だと洞察するものです。自我のみでなく、主体的存在、客体的存在の一切が、常住不変の実体的存在ではないと照見することです。

空ということは、確かに実体的存在ではないということなのですが、しかしここでも、現象としてはあるという了解は、まだ空観として徹底したものではありません。それはまだ分別知的な了解（信解《しんげ》）にとどまるものであり、般若の智慧そのもので洞察している世界ではありません。般若の智慧そのものが実現しているわけではありません。たとえ現象としてという限定・条件つきであれ、それを「有る」と考えるとき、それが対象化され、主語として立てられています。その対象化され、主語化されたものは、あくまでも意識のうちに想定されたものにすぎず、事物そのもの、事実そのものではありません。大切なことは、事柄を了解するだけでなく、事実そのものを事実そのものに即して自覚、体証することです。そこに般若の智慧の洞察の世界があります。諸法実相を諸法実相のままに体証する世界があるのです。ここにおいてこそ、無明も砕破せられ、菩提《ぼだい》は実現し、生死を超えることができるでしょう。

このとき、現象としてですら、あるものがあるとか生じるとか、ないとか滅するとか判断することを離れていかなければなりません。そういう対象的認識、主語を立てて述語する分別を離れたところでしかも自証される世界に、事実そのもの、真実そのものがあるわけです。ですから『般若心経』も、色即是空・空即是色といいつつ、一切の分割・言表を否定して「不生不滅・不垢不浄・不増不減」というわけです。龍樹《りゅうじゅ》の『中論』もまた、「不生亦不滅、不常亦不断、不一亦不異、不来亦不出」の八不《はっぷ》の戯論寂滅《けろんじゃくめつ》の真理を最重要の真理として提示するのでした。

なおこの真実に出会うためには、禅定（坐禅などにより心の統一を深めた状態）が不可欠でしょう。定から慧を出す、これは仏教の標準です。対象的分別を離れた自証そのもののところに真実を見出《みいだ》すのですから、禅定が重要な鍵《かぎ》になることは言うまでもありません。

こうして生死輪廻があり、十二縁起が事実だとすると、私たちは死後に苦しみの多い世界に生まれないよう、悪を避け善を修するより途《みち》がありません。それなしではあまりにも不安にかり立てられてしまいます。善を修して根本の無明を滅してこそ、私たちは生死の苦しみから脱《のが》れることができます。その善の中心、核心は、般若波羅蜜多の智慧です。この智慧は、何ものか対象的に把握することを離れるところに開けます。自分も主語としてたてられず、世界（もの）も主語として立てられず、主―客の分裂は鎮まった世界が追求されます。しかしそこは、決して無であったり、単なる暗闇の世界であったりするわけではなく、分明であり、了了としており、一真実そのものの世界でありかつ真実の自己そのものの世界です。

そういう般若の智慧そのものこそを修習すべきだということになりますと、十二縁起の教説すら、否定されざるをえません。無明があるから行がある等々の了解すらも、超えられていってこそ、真の善に契《ちか》い、真の智慧に契うわけです。したがって、「無無明亦無無明尽、乃至、無老死亦無老死尽」と説かれていると見ることができます。即今・此処の、不生・不滅の当体そのものに覚すべきなのです。

とすれば、十二縁起が事実であればこそ、十二縁起を否定することが問題の解決になるという、非常に興味深い構造がここにあったことになります。自業自得の世界があるからこそ、善を修すべきであり、善を修するためには智慧を開かなければならず、そのためには縁起の対象的了解をも否定していくべきだったのです。

もう一度、今述べてきたことをまとめてみましょう。十二縁起で説明される生死輪廻があるとして、それなればこそ、輪廻の原因、業を作らないようにしなければなりません。またそのことが、根本の無明を滅していくことにもなります。それには、対象的分別を離れて一真実そのものに目覚めていかなければなりません。そのためには、十二縁起の教説の対象的理解、ひいてはその教説そのものすらも否定されざるをえません。

こうして、十二縁起の故に十二縁起は否定されることになるのです。このような論理が、仏教の教説、とりわけ大乗仏教の教説には含まれているのです。実に十二縁起が正しいときには、十二縁起さえも否定された世界を見届けなければならなかったのです。それが般若波羅蜜多の世界なのでした。

一回きりの生

以上、私はここに、どんな地平で考えるにせよ、十二縁起という事柄自体が否定されざるをえないことを説明しました。「無無明亦無無明尽、乃至、無老死亦無老死尽」には、そのような様々な地平の意味を読みこむことができますが、いずれにしても、正しく「無無明亦無無明尽、乃至、無老死亦無老死尽」なのです。このことを明瞭に示すとは、さすがは『般若心経』です。

ところで、生死輪廻は、本当にあるのでしょうか。それとも本当はないのでしょうか。実にそういう問い方そのものの問題性こそを今まで述べてきたのですが、それはともかくとして、あればこそ行為の基準が成立するのでしたが、ないとしたらどうでしょうか。私は、ないとしたならないで、その場合もまた行為への根源的な基準が成立すると思っています。というのも、ないとするなら、この世の生は一回きりです。本当にかけがえのないものです。くり返すことはできず、やり直すことはできません。そうだとすると、どこまでもこの一生を真剣に生きるしかありません。本来の生命、本来の自己に則《のっと》った、真摯《しんし》な生き方を求めざるをえないと思います。かえって次の世などない、一回きりでしかないというところにこそ、充実した生命への道があるのではないでしょうか。

このくり返しはできないということは、一生を単位としてのことではなく、即今・此処の一秒一秒がそうです。私たちはこの世において、一瞬一瞬、力の限り生きる以外、この生を充実させることはできません。今を生き抜き、この今に集中、専心しているとき、十二縁起などないということにもなるでしょう。そこにこそ、真実の生命が輝くことにもなるのでした。

第七章　心の中を見つめれば

無《む》苦《く》集《しゅう》滅《めつ》道《どう》。

四諦、すなわち苦諦・集諦・滅諦・道諦もありません。

四諦を否定する

前章では「無無明、亦無無明尽、乃至、無老死、亦無老死尽」まで読んできました。今回は、無苦集滅道からです。

これは、「苦・集・滅・道」という四諦説を否定するものです。この場合の諦《たい》は、諦《あきら》めや諦観の意の諦ではなく、真理という意味です。四諦はまた四聖諦《ししょうたい》ともいわれますが、聖諦とは、聖なる真理という意味です。

四諦そのもののおおよその意味は、まず、我々には苦という事実がある、すなわち苦諦です。それには、それをもたらしている原因がある、これを集諦と呼びます。結局、無明・煩悩《ぼんのう》が集諦です。しかしながら、苦は滅するという事実がある、すなわち滅諦で、一般に涅槃《ねはん》が想定されます。涅槃の原語は、ニルヴァーナで、よく火を吹き消した状態を意味すると言われます。まさに寂滅《じゃくめつ》の境地ということになります。これにも、その実現を導く原因がある、それが道諦です。要は修行です。こうして、苦（果）↑集（因）と、滅（果）↑道（因）という、二重の因果がここに謳《うた》われていることになります。

では、この否定とは、どういうことを意味しているのでしょうか。ここにも、それぞれを実体視する立場を否定するのと、さらには対象的に想定された因果関係そのものをも否定するのと、およそ二つの立場がこめられていることでしょう。このことは、前に、十二縁起の否定について解説したところで、説明してみました。大体、四諦説は、十二縁起説と密接な関係を有しています。十二縁起説には、無明があるからそこから展開して老死の苦しみがある。しかし無明さえなくなれば生死の苦しみもなくなるという、その二つの意味が含まれているのでした。この十二縁起の、無明→老死、無明の滅尽→老死の滅尽という順・逆二つの因果関係は、四諦の、集諦→苦諦、道諦→滅諦の二つの因果関係とほぼ同じことです。つまり、四諦説とは、十二縁起説の順観・逆観をコンパクトにまとめたものと見ることができるのです。

とすれば、『般若心経』のこの四諦の否定の意味は、十二縁起の否定の意味と重なってくるはずです。ですから、四諦の否定の意味については、この直前に説いてきたところを参照していただきたいと思います。

もちろん、ここでもまた再説してみたいと思いますが、その前に、そもそも四諦とはどういうことなのか、ここをもっと詳しく確認しておくべきでしょう。すでに四諦説のおおよそについて述べましたが、以下、それぞれについてより詳しく見て、一般的な仏教教理の了解を深めておきたいと思います。

苦諦――生・老・病の苦しみ

まず、苦諦です。仏教が苦ということを人間の解決すべき最も根本の問題としていることは、よく知られています。仏教の旗印を掲げる四宝印の説は、「諸行無常・諸法無我・一切皆苦・涅槃寂静」というもので、この中にも、一切が苦しみであるのが我々の現実であると示されています。人間の根本の問題が、罪ではなく、悪ではなく、苦しみにおいてとらえられている、それが仏教の根本的な特徴です。

しかし、古代の社会に生きた人々はどうであれ、現代人の生活はけっこう快適だし、一切皆苦などということは現代人の実感にほとんど適合しないことでしょう。このことは、現代の仏教がかかえるきわめて大きな問題となると思わずにはいられません。一体、仏教の説く苦とは何なのか、それは現代にも意味があるのか、深く考える必要があるでしょう。

仏教の説く苦は、四苦八苦として有名です。四苦とは、生・老・病・死の四つの苦しみ。八苦とは、この四苦に、愛別離苦・怨憎会苦《おんぞうえく》・求不得苦《ぐふとくく》・五蘊盛苦《ごうんじょうく》の四苦を加えたものです。

生が苦しみというのは、生まれたこと自体が苦しみだというのでしょう。インド人は生《しょう》死《じ》輪廻《りんね》して、またどこかに生まれること自体を、深く厭《いと》います。もう一度、どこかに生まれて、苦しみの人生をふたたびくり返すことが、恐怖でさえあるのでしょう。ですから一般の人々は、バラモンに祈禱《きとう》を頼み、お布施《ふせ》をあげるなどして、善根を積んで、死後には楽しみの多い世界に生まれようとします。このようなあり方は、仏教にも色濃く残っているように思われます。東南アジアでは、阿羅漢《あらかん》（アルハット・応供《おうぐ》）になったという高僧がお出ましになって、人々に、生死輪廻は恐くないか、と問いかけ、人々は恐いですと答えると、それならお布施をして善根をつみなさい、と呼びかけます。

しかしこれでは、無意識のうちにしがみついている自我を、さらに保全しようとしているのみで、無我を説いた釈尊の悟りの智慧《ちえ》からはほど遠い、むしろ正反対のような気がします。それはともかく、どこかインド人には、神々の世界以外のいずれかに生まれることは苦しみであり、またこの人間界に生まれてきたこと自体にさえ、生死輪廻を免れない自己としての苦しみがあると見る感覚があるのでしょう。それは仏教的には、過去世の、それほどには芳しくない自身の行為（業）の結果とうけとめるべきものなのでした。過去世の自分の行いが、後悔されざるをえないものとして自分につきつけられることでもあるのでした。

もっとも、今日ではけっこう人間界も楽しいですから、やはりこの生の苦しみは現代人にはわかりにくいかもしれません。

次に、老の苦しみです。これはもう、誰もが認めなければならないものでしょう。気力もしだいに衰え、知的能力も低下し、身体的機能もずいぶんほころびを見せてきます。その結果、無理もきかなくなり、思いどおりに活動することができません。若い人々の活気にあふれたもろもろの活動を羨望《せんぼう》のまなざしで眺めつつ、自分は来たるべき死を意識せずにはいられません。生命はどういうわけか、やがて衰えざるをえないしくみになっていて、この摂理はどうすることもできません。半身不随になったり、下をもらすようになったり、あるいはぼけてしまったり、どんな人でもこの道を通っていかざるをえません。死を待つしかなくなったとき、人は厭世《えんせい》的・悲観的にならざるをえないことでしょう。

老の苦しみは、どんな人間にもあてはまるべきことがらで、特に最近、介護という問題が社会的な問題になっています。本当はこの苦しみを誰もが味わわなければならないのに、自分が若いうちは切実に感じないものです。

実は老いるということは、負の面ばかりでもありません。経験や知識が豊富になり、深い智慧の人となって、世界を導く存在となることも可能です。年をとればとるほど、若いうちには見えなかった人生の真実が見えてきて、その人の霊性も格段に深まっていく、ということもあるでしょう。東洋には、寿老人とか、あるいはまた神秘的な翁とか、老賢人の存在がしばしば指摘されます。

そういうことを言わないまでも、アメリカなどでは、年に関係なく、新しい事の勉強にチャレンジする人がたくさんいます。年だからという言葉は、そこには存在しないようです。人間の身心の無限の可能性を信じて、どんな年齢になっても絶えず前向きに生きていくことは、本当に重要なことでしょう。老いも一面、けっこう楽しく深いものがありえます。老春という言葉さえあるほどです。

しかしそうだとしても、やがて死ぬしかありません。その死が、老人には目前に迫ってきます。ここに老の苦しみの真実が存在するのだと思うのです。

次に病の苦しみです。病の中に、痛みや発熱等の苦しみそのものもありますが、結局、病苦とは、自己を思いどおりに動かせないということの苦しみでしょう。健康なときは、自由に活動できて、その健康であるということのありがたさを忘れてしまっています。しかしいったん病気になると、苦しいこともさることながら、自由に行動することができない情けなさにまいってしまいます。病気の辛《つら》さは、感覚的な苦しみ、苦痛などとともに、むしろ不自由を強いられる苦しみにあることと思われます。

病気にも、治る見込みのある病気と、治る見込みのない病気とがあります。それは、病気の種類によるところも大ですし、当人の年齢などの要素にもよります。いずれにせよ、治る見込みのある場合は、希望も持て、苦しみも一定のものにとどまりえますが、治る見込みがないとしたら、どれほどの苦悩をかかえるか、想像もつきません。末期のガンであると伝えられたら、どれほど悲嘆にくれることでしょうか。現代の医学は、これまで不治の病と思われてきたものの多くを解決してきましたが、今なお根本的に解決しきれない病がありますし、新たに猛威をふるう病も出てきて、どれほど時代が進んでも不治の病の苦しみはなくならないかのようです。それは、人間の社会に暗い影を落としつづけることでしょう。とすれば、病の苦しみも、つきつめていくと、死の苦しみということになってきます。

苦諦――死の苦しみ

というわけで、老も病も、死の苦しみと密接に関係しています。もちろん、生にすでにそのことが織りこまれています。結局、生・老・病・死の苦しみは、死の苦しみに帰するといっても、間違いではないと思われます。では、死の苦しみとは、どのようなことなのでしょうか。

死ぬ時の苦痛、それは確かにあるでしょう。仏典に断末摩の苦しみというように、身体中のツボみたいなもの（末摩《まつま》・マルマン）が断割される、強烈な苦しみがあるのかもしれません。（前にも言ったように断末摩の苦しみとは、決して断末時に魔に襲われることではありません。断末魔というのは、俗説で誤りです。）しかし、人間の身体（または身心）は、たくみに出来ていて、強烈な苦痛におびやかされると、脳内に麻薬物質が分泌されて、自動的に苦しみを緩和するということがあるようです。また、死にゆくときには、意識が薄れて、実際の苦しみは感じないのかもしれません。死ぬ瞬間には、慈愛に満ちた光に出会うのだという説さえあります。

死の苦しみとは、そういう、まさに死ぬときの苦しみということではないような気がします。死ぬ苦しみとは、二つあるように思います。一つは、自己がなくなってしまうという恐怖です。もう一つは、死後、自分がどうなるのかわからない、という恐怖です。

生死輪廻を信じた場合、後者は切実な苦しみとなるでしょう。今度は、地獄に行くかもしれないのです。餓鬼《がき》に生まれるかもしれないのです。私はここで、逆説的な救いを想い浮かべます。もし阿弥陀《あみだ》様が本当にいらっしゃって、善人よりも悪人を救いとげて下さるとしたら、その阿弥陀様は、さらに人間よりは餓鬼の者、餓鬼よりは地獄の者をきっと真剣に救いとって下さるであろう。だとすれば、次に人間に生まれるよりも、地獄に生まれた方が、より強力な救いにあずかりえるのではないか、と。もちろん、今・ここで阿弥陀仏の救いにあずかって、そして安心《あんじん》に達した方がよほどよいわけですが、たとえまちがって地獄に落ちたとしても、かえって仏様の光が熱烈に届いていて、より確かに救われるのではないか。これはずいぶんあまの邪鬼《じゃく》な理解ですが、宗教の論理というものは、そうしたものではないでしょうか。地獄に落ちても心配ない、というのが宗教で、地獄に落ちたら大変だというのは、単なる倫理・道徳のような気がします。そう考えると、なにも心配もいらないと思うのです。

もっとも、これは阿弥陀仏のような存在、大悲の仏を想定してのことでして、そういうものは、何一つない、厳格な自業自得しかない、というのでしたら、どうにもならないことです。なるようになるとあきらめるしかありません。悪業を造れば、苦しみの結果を得、つまり地獄・餓鬼・畜生等に生まれ、善業を造れば、楽しみの結果を得、つまり人間界や神々の世界に生まれるのでした（善因楽果・悪因苦果）。では、善とは何かというと、結局、一切法は空であることを洞察して、内的・外的、物質的・精神的、一切の対象に執著《しゅうじゃく》しないことです。したがって、生死輪廻が有るとも固執せず無いとも固執せず、地獄が有るとも思わず無いとも思わず、日々のなすべきつとめに一所懸命、生きていれば、一番よい結果がえられるし、そうするよりほかありません。こうして、楽果を得べき善にかなおうとするなら、未来の死後のことを思い煩うべきでないし、煩わない方がよいのです。いや、遠い未来だけでなく、明日のことを煩うべきではないし、煩わない方がよいのです。とすれば、『心経』で、無苦集滅道と言っていることが、なんとなく知られてきますね。

それはともかく、もう一つ、自分が無くなるということの恐怖・苦しみもあります。むしろこれこそが、死の苦しみの根本だと思われます。現に死ぬことのその苦しみより、いつか死ななければならないことの苦しみ、これが死の苦しみの核心にあるものです。それはまた、自分が今・ここにおいて、すでに絶対の無（否定）にかこまれていることの苦しみでしょう。

この苦しみは、一般の人々には必ずしも広く意識されていないかもしれませんが、それこそ老・病の境遇にある人には、切実に露《あらわ》となっていることでしょう。そうでない人であっても、失恋したとか、事情があって離婚したとか、子供等愛する者が死んでしまったとか、さらにはいじめにあったとか同僚の無視に出会ったとか、そういう、いわば社会的に危機的な状況においこまれた際には、はっきり自覚されてくるものです。またそういう人々は、社会の表面にはそれほどいないように見えて、実はけっこう多数存在しているのです。ともかく、この世の中にあって自己が絶対の否定をつきつけられている、そういう状況に死の苦しみは露現してきます。

このことは、今言ったような具体的な事情がないにしても、ともかく人間は八十年、百年も経てば必ず死ぬのですから、実はどんな人の脚下にも存在している危機です。どんな人であれ、今・ここで、絶対の無にすでに限界づけられている、絶対の否定をつきつけられているという実存の危機が、口を開けてその人を飲みこんでいるのです。だからこそ釈尊も、二十九歳の時にこの問題の根本的な解決を求めて、修行の道に入られたのでしょう。

ではこの問題は、どのように解決されるのでしょうか。問題は、自己が無に帰するという、そこでの自己とは何なのか、それは本当の自己なのか、です。もし何らかの存在が、生きそして死ぬものとして想定されているとしたら、それは対象的に捉《とら》えられた自己です。対象化されたものは、実は生きませんし、したがって死ぬこともありません。あるいはそれはすでに死んだ存在だともいえます。では、何が死ぬのか。

ここで、「私が死ぬ」という命題（文章）の論理的構造を考えてみましょう。私が生きている間は、私は死にません。死んでしまったら、あらためて死ぬこともありません。つまり、私が死ぬということは、ありえないのです。一人称の死には、正にこの矛盾が存在しているのです。生きている主体について、死ぬとは言えません。死んでしまったものについて、死ぬとはいえません。生きている限り、それは絶対の生です。死んでしまったらそれも絶対の死です。道元《どうげん》禅師がいわれたように、「生也全機現、死也全機現」です。こうして、この私に関して、死ぬということはないのです。

にもかかわらず、私というものがあって、それが絶対の無に限界づけられていると考えるのは、私というものを対象化して捉えているからです。対象化された私は、本当に生きている私そのものではありません。一方、本当に生きている私そのもののただ中には、死はないのです。

とすれば死の苦しみとは、自己に対する誤った把握、了解に由来していたのです。まさにそこに、人間の問題があったのでした。

このことは、自己や世界の真実を知らずにいることに、苦しみの根本の問題があるということを示しています。つまり、無明です。そして無明にもとづいて、さまざまな煩悩が発生し、当人は自我とものとに執著し、人と争い傷つけ合い、にっちもさっちも行かなくなってしまうと仏教は見るのでした。この煩悩の問題は次の集諦のところで、さらに詳しく見ていくことになります。要は、死の苦しみとは、真実の自己を明らかに了知していないがゆえに、生死する虚妄の自我に執して発生するものであって、実はこの苦しみは、万人にとっての課題になっているということでした。

だとすれば、仏教はやはり現代人にも重要なものであり、欠かせないものであるということになります。現代は苦しみのないもしくは少ない時代のようですが、仏教の見ている苦しみは時代にかかわらない、人間に普遍的な苦しみだったのです。だから仏教徒は、ともすればこの根本的な問題を見つめることを忘れがちな現代人に、はっきりこのことを指摘し、より深い世界への眼を開かせていくべきでしょう。

そのように、人間はどんな時代どんな世の中であっても、必ず死ななければならないという事実から出発して物事を考えること、死の側から生を照らすことを忘れてはならないと思います。死の淵《ふち》からこの世の生を観るとき、生はよりいっそう輝いて見えることでしょう。また、人は自己の真実の生命、自己本来の面目を自己に即して見出《みいだ》すことになるでしょう。仏教が苦から出発するというとき、この苦の意味を死の苦しみまで掘り下げて、そこにおいて仏教の意味を考えるべきです。手軽な癒《いや》しによっては癒されえない根源的な苦しみを問題にしていることに、深く思いを致すべきだと思うのです。

四苦と八苦

以上は四苦のことでしたが、さらに四つの苦があるといいます。もはや簡単にしておきたいと思いますが、その初めは、愛別離苦でした。文字どおり愛する人と別離することの苦しみです。このことが、時に自死を招くほどに深い苦しみであることは、言うまでもありません。人間は、孤独では生きていけないものです。何らかの形で他人との関係をつないでいればこそ、生きていることもできるでしょう。まして深く愛する人との関係が切れてしまったら、激しい失意に陥るのも当然です。しかしこのことは日常どこにも見られることで、誰でも何回かこの苦しみを味わうことです。

ついで怨憎会苦とは、怨《うら》み憎しむ者と出会う苦しみということです。世の中には、相性のいい人ばかりいるものではありません。ウマが合わない人もたくさんいます。それだけならまだしも、どういうわけか何かにつけ争わざるをえない人というものが、職場や地域などに必ずいるものです。そうしたとき、必ず向こうが悪いと思い込んで、自分の方は何もしていないのにと恨めしく思うものです。そういう関係は、時々のっぴきならなくなって、職場等その場に行くことも厭《いや》になり、あるいは敵意のみならず害意すらもつことになり、この世がそのまま地獄と化すことさえあります。まことに世の中は住みにくいものです。

次の求不得苦は、求めるものが得られない苦しみです。不思議なもので、自分に獲得しえっこないと、はなからあきらめているものは、得られなくてもそれほど苦痛ではありません。意外と人間は、何もかも欲しいというものでもないようです。しかし自分の手が届きそうで、しかしどうももう一つこちらに不足があって手に入れられないようなときは、深刻な苦痛に見舞われることになります。それは時に熱悩、身体が熱くなるほどに苦悩することにすらなるでしょう。しかも人間は手の届きそうな範囲では、絶えずものや人等を欲しがってやみませんから、結局、苦の已《や》むことはないという状況にならざるをえません。愚かな人間ですが、それは愛《う》い奴というべきでしょうか。

そして最後の五蘊盛苦《ごうんじょうく》ですが、五蘊とは、色・受・想・行・識、個体を構成する身体的・精神的要素のことでした。五蘊とは、個体を構成する身心ということです。これが盛んであることによって、また苦しみがあるというのです。元気のあまり、快を求めて、ものであれ人であれ心象世界であれ、次から次へと追いかけてしまい、自分で自分をコントロールできなくなってしまうからでしょう。

三苦とは何か

以上、『般若心経』が否定する四諦の一つ、苦諦のその内容について、説明してきました。誰でも知っていることで、やや煩わしかったかもしれません。とにかく苦は仏教という宗教の根本ですから、ややていねいに見てきました。

実は唯識《ゆいしき》などでは、苦というと四苦八苦のことではなく、まず三苦のことを挙げるのが通例です。そこで三苦のことについても、述べておきましょう。三苦とは、苦苦・壊《え》苦・行苦という三つの苦しみのことです。

苦苦というのは、自分の気に入らないものに対したときに覚える苦しみの感情を言います。感情にあたる心を、仏教では「受」で表わしますが、この受には苦受・楽受・非苦非楽受の三受があるといいます（さらに五受もあり。七一頁参照）。苦苦とはその苦受において感受されている苦しみといってよいでしょう。

壊苦とは、自分の気に入ったものが壊《え》していくときに覚える苦しみのことです。その壊するものの中には、愛《め》でているものだけでなく、愛する人もあり、さらには愛着してやまない自分そのものも入るのでしょう。

行苦とは、自分の気に入る・気に入らないにかかわらないものでも、変化し、衰滅していくのを見て覚える苦しみと言います。諸行無常の冷厳な事実は、やはりうれしくないことなので、苦しみなのです。

三苦は、こういう形で、我々の覚える苦しみのすべてをまとめます。やや自己自身の生老病死への苦しみのまなざしを欠いていて、苦という現象を客観的に眺めているきらいがありますが、三苦を説くのもやはり仏教なのですから、そこに自己自身の問題を読みこんでいくべきです。つまり壊苦には、前にも言いましたように、自己自身の死の問題も見るべきだと思われます。こうして、苦は自己存在の根源にかかわる、きわめて根本的な問題のことであったのです。

苦をもたらす集諦

次に集諦について見ていきます。集諦とは、苦を集めるもの、苦をもたらすもののことですから、これについて詳しく知っておくことは、仏道を実践していくうえで極めて重要なことと思われます。それは一言でいえば無明・煩悩のことなのですが、それらも仏教ではこと細かに分析されています。本来、無いと否定される集諦すなわち無明・煩悩は、説《せつ》一切有部《いっさいうぶ》(小乗仏教)の五位七十五法のアビダルマの中でのもの(三世《さんぜ》実有《じつう》・法体恒有《ほったいごうう》の実在視されるダルマ)でしょうが、ここでは唯識の大乗のアビダルマに沿ってその説明を聞くことにしましょう。たとえば、禅はこうした教相を一蹴《いっしゅう》してしまうわけで、このようなことにかかずらわるのは避けるものですが、実はそれも、研究し尽しての時でこそ意義深いことでしょう。

唯識の五位百法のダルマの体系では、心王《しんのう》・心所有《しんしょう》法《ほう》・色法・心不相応法・無為法という五つの分類(五位)が示され、その中の心所有法(略して心所《しんじょ》)は、遍行《へんぎょう》・別境・善・煩悩・随煩悩・不定《ふじょう》というそれぞれのグループに分けられるのでした。その中の煩悩・随煩悩に、集諦を見出すことができます。無明は、あらゆる煩悩の根源ですが、心所の一つとして、煩悩の心所の中に含まれています。煩悩・随煩悩は、根本煩悩・枝末煩悩というようにも言われ、随煩悩はいわば根本煩悩から派生したものということになります。

煩悩の心所には、貪《とん》・瞋《じん》・癡《ち》(無明)・慢・疑・悪見の六つがあります。悪見はさらに、薩迦耶見《さつがやけん》・辺執見《へんじつけん》・邪見・見取・戒禁取《かいごんしゅ》の五つに分けられます。

随煩悩は、大随惑・中随惑・小随惑（惑は煩悩のこと）の三種類に分類され、大随惑には、掉挙《じょうこ》・惛沈《こんじん》・不信・懈怠《けたい》・散乱・放逸・失念・不正知《ふしょうち》、中随惑には、無慚《むざん》・無愧《むき》、小随惑には、忿《ふん》・恨・覆・悩・嫉《しつ》・慳《けん》・誑《おう》・諂《てん》・害・憍《きょう》が含まれます。随煩悩には、二十のダルマがあるわけです。

これら一つ一つについて見ておくことは、我々の心の動き・ありようを自覚するうえで、大変重要なことと思われますので、以下、主に『成唯識論』に拠《よ》りつつ、その内容を確認していくことにいたします。

癡すなわち無明

まず、根本煩悩（煩悩の心所）ですが、その初めに貪があげられています。しかしここでは、それらの大本である無明、すなわち癡の心所から見ていくことにしましょう。

癡について、次のようにあります。

諸の理と事との於《うえ》に迷闇なるをもって性《しょう》と為し、能《よ》く無癡を障《さ》え、一切の雑染《ぞうぜん》が所依たるをもって業と為す。

理というのは、仏教ではふつう、真如《しんにょ》・法性《ほっしょう》、つまり諸法の本質・本性のことを言います。それは空というあり方、空性に他なりません。そのことを十分了解したうえでなら、理は本体のことと言ってもよいでしょう。ですから、仏教の場合、理は道理とか法則とかいう意味では、あまり使われません。特に華厳《けごん》宗の場合、その傾向が多分にあります。ただ、ここでは諸《もろもろ》のとついていますから、この諸を事だけでなく理にもかかると見ると、諸行無常とか諸法無我とかいった道理、法理をも含めて考えてよいでしょう。四諦説や十二縁起の教説、善因楽果・悪因苦果の業の法則も、それぞれ理の中の一つと言えます。事は、本来はアビダルマの諸法、特に有為法《ういほう》が第一に考えられるべきですが、要は個々の事象・事物と見てよく、一切の現象がそこに含まれることになります。

癡は、これら諸々の理と事とに対して、迷闇《めいあん》であることがその本質だといいます。迷闇という言葉には、明晰《めいせき》さのちょうど反対のあり方がうかがわれ、単に知がないのみではなく、知・情・意渾然《こんぜん》としてはっきりしない状態にあることが感じられます。この癡が、無明にも他なりません。我々の生命の底には、そのように不分明な暗い力が働いているようです。

この癡の心所は、無癡を障えるといいます。無癡は、善の心所有法（心所）のダルマの一つで、諸の理と事とに対し、明らかに解するもの、修行をしていく根本的な力となるものです。癡はこれを妨げてしまいます。さらに癡は、一切の雑染のよりどころとなるといいます。雑染には、煩悩雑染・業雑染・生雑染とあり、これは順に、惑・業・苦に対応しますが、その一切をもたらすというわけです。そのことについて、『成唯識論』はさらに説明して、「無明に由りて疑と邪定と貪等の煩悩と随煩悩と、業とを起こして、能く後生の雑染の法を招くが故に」とあります。無明から疑いを生じ、ついで邪見ないし悪見（邪定）を生じ、さらに貪等の一切の煩悩を生じていく。その結果、業をつくり、その結果、未来にまたどこかに生まれて、苦しみの生を続けることになるというわけです。

　このように無明（癡）は、一切の煩悩・随煩悩の根源をなすものです。

　なお、無明・煩悩はすべて業を作るかというと、必ずしもそうではありません。このことに関して、まず無明は、他の心所とともに働くかどうかをめぐって、種々に分類されます。その分析はあまりに細かくなるので、一般読者には必ずしも必要のないものですが、仏教のアビダルマの分析がいかに精緻《せいち》であるかの一つの例として、ここに紹介しておきましょう。深浦正文《ふかうらせいぶん》『唯識学研究』下巻、二八七頁からですが、括弧《かっこ》内は、筆者の補足です。

> 　まず、相応無明と不共無明との二種に分つ。その六識の上の貪等の本惑（根本煩悩）と倶起するものを相応無明といい、然らざるものを不共無明という。すなわち、無明は一切の惑と相応するが、その中、貪等の本惑に望めてこの二種を分つのである。その不共無明についてまた二種あり、恒行不共と独行不共とである。恒行不共とは第七（末那識）相応にして、一切の凡夫において無始以来恒時に行ずるから恒行といい、しかも他の我見・我慢・我愛（我貪）の本惑と相応して起るも、無始以来恒行して真

智を障えるとの如き勝用はただこれのみであって、余識に絶えてなきところであるから、不共という。独行不共とは、第六（意識）相応にして、貪等の本惑と相応せずに独り行ずるものなるをいう。これにまた二種あり、主独行と、非主独行とである。忿等の随煩悩と倶起しないのを主独行といい、倶起するを非主独行という。これ忿等の随惑は極めて粗強の惑であるから、これと倶起する時は無明が主となり得ず、倶起せざる時は無明が主となり得るから、そこで主・非主の名を立てるのである。

このように、無明の心所がどの識（心王）や心所と、どのように相応するかによって、種々分析されているわけです。

次に、特に業を作り出すもとの無明とは何かについても、細かい分析があります。繰り返しになりますが、業に関する法則は、あくまでも善因楽果・悪因苦果でありました、苦しみの結果をもたらす業は、悪業に限られます。四諦の中の集諦は、苦の因のはずですから、細かくいうと、悪としての無明・煩悩に限られるということになります。たとえば、第七末那識《まなしき》は、善でも悪でもなく、有覆《うぶく》ではある（その体、染汚なるため、覚《さと》りの智慧の無漏智を障えて起らせないようにし、また自心の全体（依他心）を蔽《おお》うて清浄にさせないこと。今の意味での覆障・覆蔽のはたらきのあること。前掲書二三三頁参照）ものの、無記（善でも悪でもない）であって、業果の因となりうるものではなく、それと相応する無明等の煩悩は、決して苦果を招くものとしての悪ということにはなりません。無明やその他の煩悩には、悪（不善）だけでなく有覆無記のものもあるのです。では、業と関係する無明とは、どのようなものなのでしょうか。

この問題は、さらに複雑な分析を要します。まず、およそ煩悩（随煩悩も含む）には迷う対象によって二種類にわけられます。ダルマの用に迷うか体に迷うかなのですが、要するに、我執（主体的存在を実体視し執著する）にかかわるか、法執《ほつしゅう》（客体的存在を実体視し執著する）にかかわるかです。同じ貪の煩悩でも、自分を貪《むさぼ》れば我執となり、物を貪れば法執となるわけです。いずれの煩悩であれ、我執として生ずる煩悩を煩悩障と呼び、法執として生ずる煩悩を所知障と呼びます。煩悩障を断じることによって涅槃を実現し、所知障を断ずることによって菩提《ぼだい》を実現するのであって、そのように二障という視点は、仏教に基本的なものです。

この中、発業《ほつごう》するものは煩悩障のみで、所知障は発業しないと規定されています。つまり、無明も特に我執にかかわる場合に、発業にかかわっていくということになるのです。

さらにおよそ煩悩については、分別起と倶生起《くしょうき》という二種類の区別があります。倶生起とは、生を受けると倶《とも》に自然に起きてしまうもので、一方、分別起とは、成長するにしたがって分別・考計して起きるものです。いわば、先天的と後天的との区別です。さて唯識では、業の本体は、第六意識相応の思の心所の種子とされています。つまり、自覚的にどういうことを意図していくか、そのことが業にかかわるということです。このとき、業をつくることにかかわっていくものの主体は、分別起の煩悩障だとされています。生発業が分別起の煩悩障で、倶生起の煩悩障は助発業になるというのです。ちなみに、倶生起の煩悩障は、臨終時に、来世に受生する業のはたらきを強めるはたらき、潤生《にんじょう》の用を起こします。

この辺は、なかなか複雑な分析があって、簡単ではありませんが、なぜこのようなことをあえて述べたかというと、集諦が苦果をもたらすものだとすると、分別起の煩悩障に限られることになり、したがって無明といえどもその中の特に分別起の煩悩障としての無明が集諦であるということを注意しておきたかったからです。ただしこのことは、苦諦を生死輪廻の中での苦果ととったときそうなるということで、愛別離苦や怨憎会苦等、この世で味わっている苦の要因をこの世において探るときは、必ずしもそれに限られるのではないかもしれません。ともあれ仏教では、無明(癡)に関しても実に詳細な分析が遂行されていることがおわかりいただけたことでしょう。このような事情は、集諦としての以下の他の煩悩にもあてはまることになります。

疑と悪見

だいぶ無明(癡)の心所の解説が長くなってしまいましたが、次に、疑を見ましょう。

それは次のようです。

諸の諦理の於《うえ》に猶予するをもって性と為し、能く不疑の善品《ぜんぽん》を障うるをもって業と為す。

深浦正文前掲書に、「諦とは因果の事にして、理とは苦・無我等の理」だとあります。要は、仏教で説かれた様々な教説や世界の説明に関して、信じ、了解しえないことを言います。それは、無明があればこそなのでした。この疑の心所が起きると、不疑の善品つまり善である信の心所等を妨げることになります。

次に邪見ないし悪見を見ましょう。ここでは、悪見の五つを順に見ていくことにします。まず、悪見そのものについて、「諸の諦理の於に、顛倒に推度する染の慧をもって性と為し、能く善の見を障え、苦を招くをもって業と為す」とあります。諸の理・事一切に関してさかさまに誤って考察する染汚された（悪と有覆無記とのすべてをいう）知性だといいます。慧というのは、別境の心所のダルマで、判断したりする心のことです。染の慧とは、要は誤ったさかさまの見解ということです。これは善の正しい見を障えて、苦を招くはたらきがあるといいます。煩悩障は、我執によっておこる煩悩ですが、その根本にこの悪見、特に薩迦耶見があるからでしょう。

ではその薩迦耶見とはどういうものでしょうか。それは次のようにあります。

一には薩迦耶見。謂く、五取蘊の於に、我・我所と執するぞ。一切の見趣が所依たるをもって業と為す。

薩迦耶見というのは、サットカーヤ・ドリシュティのサットカーヤを音写したもので、有身見ともいわれます。それは、執著の対象となってしまう五蘊（五取蘊）に対して、我であると執し、また我がもの（我所）であると執するものです。この自己の一個の生命として現象している何ものかに対して、常・一・主・宰の存在、つまり単一で不滅なる主体として執著し、さらにそこに我の所有物だと執著するのが、薩迦耶見だというわけです。早い話が、我見のことです。

実はこの薩迦耶見こそ、我執そのものであり、また法執そのものでもあるのです。というのは、我執は用に迷うものですが、その前提に体を認めてしまっていて、その上に用に迷うことが起きるといいます。ですから、まず法執があって、そのうえで我執があるのであり、我執は必ず法執を含んでいるのです。『成唯識論』は、「我執は必ず法執に依って起こるをもって、必ず杌《ごつ》の等《ごと》きに迷うて方に人等と謂《おも》うが如くなるが故に」（巻五）と言っています。

その我執・法執の本体はそのように薩迦耶見なのですが、我執・法執という言葉は、それが相応している心王・心所に広げて用いられます。また、我執として起こる煩悩を煩悩障、法執として起こる煩悩を所知障と言うのでしたが、執は第六意識・第七末那識のはたらきに限られ、しかも重いもの、障は七識に通じて言われ、軽・重にわたるとされます。

次に、悪見の中の第二、辺執見です。

二には、辺執見《へんじつけん》。謂く、即ち彼れが於《うえ》に随《したが》って断・常と執するぞ。処中の行と出離とを障えるをもって業と為す。

彼れがうえにというのは、身心を構成する五蘊のことだと思われますが、さらに「随って」ともあります。この「随って」において、結局、五蘊に対し我見において捉えられた対象についてとなるといってよいでしょう。五蘊が我として捉えられたもの、それに対して、死後も永遠につづくとか、死んだら無くなってしまうとか、一方的に判断し、執著するものです。辺執見というと、有・無や、一・異等々のあらゆる二辺のどちらかに対する執著ではないかと思われ、それでもよいと思われるのですが、『成唯識論』の説明は明らかに、執著している自我の行方に関してのものとして説明されています。前にも申したと思いますが、辺執見の問題は、ただ死後があるかないかだけでなく、その前提の我見・我執こそにあるというべきでしょう。

この辺執見が起きると、まず中道に処するの行（処中の行）を妨げます。これは、修行（道諦）を妨げるということです。ついで、出離を妨げるといいます。出離とは言うまでもなく生死輪廻からの出離で、解脱《げだつ》あるいは涅槃のことを意味します。これは、滅諦に相当します。自我の死後に関する見解が、特に悪見の中にとり入れられていることの重味を思うべきでしょう。死後に関して、有るとも無いとも考えない立場とは、どういうことなのか、おそらくそれは、今を徹底的に生きることにしかないものと思われます（一四三～一五〇頁参照）。

ついで、邪見です。

三には、邪見。謂く、因果と作用と事実とを謗すると、及び四の見に非る諸余の邪執とぞ。

邪見は、要するに悪見の中の他の四つの見（薩迦耶見・辺執見・見取・戒禁取）以外の誤った見解はすべて邪見であると言われています。その例として、因果や、作用や、事実をことさら否定したりする立場があげられています。因果は、主として業に関する因果のことでしょう。作用とは、現実世界における様々な働きのこと、火があれば物を焼きますし、水があれば物をぬらします。事実とは、現実に存在しているもので、縁起の中に存在するダルマ（唯識では心王・心所）ということになるでしょう。

こうした内容を見ていますと、正しい見解とは総じて縁起の考え方ということになりそうです。これに対して邪見としては、ある不滅の因があって（絶対者とか、第一原因とか）それから一切のものが成立するといった考え方が代表的なものとなっています。

次に、見取です。

四には、見取。謂く、諸見と及び所依の蘊との於に、執して最勝なりと為し、能く清浄を得すという。一切の闘諍の所依たるをもって業と為す。

諸見というのは、一切の悪見のことです。結局、自分と、自分の抱くすべての誤った見解とに執著して、最も勝《すぐ》れたものであると執著し、その見解によってこそ涅槃（清浄）を得ることができるとする見解のことです。自分のしかも誤った見解に固執することといえます。もっとも、正しい見解でも、それに固執すれば、やはり問題が生じるでしょう。仏教では、二元対立の価値観（真・偽・正・邪等々）の中で、対象的に、一方に固執する見解は、すべて邪見のはずです。この見をもつと、論争・闘争をひきおこしていくことになります。

最後に、戒禁取です。

五には、戒禁取。謂く、諸見に随順せる戒禁と及び所依の蘊との於に執して最勝なりと為し、能く清浄を得すという。無利の勤苦が所依たるをもって業と為す。

やはり一切の誤った見解（諸見）に順ずる戒律等と及び五蘊（自己の依《よ》り所としての身心）に対して、執著して最も勝れたものと認め、その戒律によって涅槃に達することができるとするものです。要は、仏教以外の諸宗教の戒律を信奉する立場のことで、これを仏教では悪見の一つとみるのです。それは、まったく利益を得られない努力、苦労をすることになってしまうだけだというわけです。

以上が、悪見の内容です。中でも、我見（薩迦耶見）、実は我執・法執の当体こそが、最も主要なものでしょう。これらは、いずれも慧の心所の染汚されたはたらきであり、それぞれ何らかの判断、見解となっているものです。無明―疑―悪見と、そういう知の迷いが根本にあって、それに情意的な煩悩も出てくると、仏教は見ているわけです。もちろん、その知の迷いの根本には、迷闇・闇昧《あんまい》というような、知以前の妄執が横たわっているのでした。

さて、まだまだ煩悩・随煩悩はたくさん分析されています。つづいて根本煩悩の貪・

瞋・慢を見ていくべきです。

貪りの心

貪については、次のようにあります。

　云何なるをか貪と為《す》る。有と有具との於《うえ》に染着《ぜんじゃく》するをもって性と為し、能く無貪を障え、苦を生ずるをもって業と為す。謂く、愛の力に由て取蘊生ずるが故に。

　有というのは、個体として生存していることです。有具とは、その生存を助けるもののことで、環境（器世間）など貪《むさぼ》りの対象となるものです。有と有具とは、簡単に言えば、自己と世界と言ってよいでしょう。生命や環境は、どこまでも大事なものであり、大切にしなければならないものだと思うのですが、しかしそれに染着すれば、それは貪りだと言います。染着というのは、悪しく強固に執着することでしょう。自分の生命を大切にすることと、自分への執着心を満足させ、名誉や利益を追求していくこととは、必ずしも同じではない。そこを見きわめているのだと思われます。

　この貪の心が起きると、無貪という善の心所の生起をさまたげることになります。無貪とは、単に貪がないのではなく、貪らない心という一つの善の心と考えられているわけです。さらに、貪の心があると、それは苦を生じるというはたらきをなすのですが、この意味は、この世においてだけでなく、むしろ次の世以降に、三悪趣（地獄・餓鬼・畜生）等に生まれることを意味するものです。このことについて説明があって、「愛の力に由て取蘊生ずるが故に」とありました。愛は愛着、執着、貪の別様の表現です。仏教では、愛の語はあまりよいものとしては用いられません。愛すなわち、自己と世界に染着することによって、業をつくり、あるいはその業因を潤して（潤生のはたらき）、生死輪廻の苦しみに沈めさせてしまうのです。

「愛欲の広海に沈没して」（親鸞《しんらん》『教行信証』）などとあると、現代人はつい、性欲の淵に沈んで、とうけとめてしまいます。この言葉が、いつどのように使われたかが問題ですが、愛欲という語は、仏教語としては必ずしも性欲のことばかりではなく、すべての貪欲を意味している可能性があることに留意しておくべきです。

参考までに、アビダルマの中、「性」という観点から煩悩を指摘したり語ったりすることはほぼないように思われます。ただし、現実に出家者（比丘《びく》・比丘尼《びくに》ら）の教団を律した戒律（律蔵）には、「性」の問題を非常に注意し、細々と厳しい規定を設けています。仮に愛欲がただちに性欲ではなく、むしろ貪欲のことだとしても、それが現実の場面で現われてくるのはしばしば男女間においてであるということも否定できない事実でしょう。貪の働きとして苦を生ずるというのは、本来さきほど述べたように生死輪廻を免れないということですが、そこをさらに掘り下げる必要があるかと思います。自己と世界を対象的に捉えて、しかもそれに執着するという形で繫縛《けばく》され、自由を失った状態、それが苦であると解せます。そこに本来の自己を見失った、顚倒《てんどう》したあり方があり、それが人間の根源的な苦であると言えます。それだけに、貪りを自戒することは大切です。衣・食・住にわたって、貪りを点検してみる必要があります。所有の少ないこと、無いことは、むしろ仏道にかなっていると欣《よろこ》ぶべきでしょう。多くの所有を抱えていたら、何のために、どう生かそうとして所有しているのか、反省すべきでしょう。正に自己自身についても、所有の対象ではありえないことを想うべきです。この生命は、与えられたもので、私のものではなく、また真の自己は主体のところにあるはずで、対象化されたところにはありえないからです。一生を無一物と旅に生きた釈尊の、清涼の境地がしのばれます。在家生活の中にあっても、その心を生かしていきたいものです。

慢の煩悩

つづいて、慢の煩悩について見てみます。次のようにあります。

云何なるをか慢と為《す》る。己を恃《たの》みて他の於《うえ》に高挙するをもって性と為し、能く不慢を障え、苦を生ずるをもって業と為す。謂く、若し慢有るひとは、徳と有徳との於に、心謙下《けんげ》せず、此に由て生死に輪転すること窮《きわま》り無く、諸の苦を受くるが故に。

己《おのれ》をたのむというのは、自分は頭がいい、金持だ、健康だ、美しい等々、なんらかの意味で自己を肯定し、それに依存している状態のことを言うのでしょう。その結果、他者よりも優位にあることを確認しようとしてしまいます。考えてみますと、人間はどうしても自分と他人とを比較し、そこでなんとかして自分が負けていないこと、むしろ勝っていることを自分に思いこませようとします。なんとかしていずれの面でもよいから自分より下の者、劣る者を見つけ出して、その比較の上に安住しようとするのが人間です。実に悲しい存在です。

このことについて、仏教は非常に細かく分析し、慢に七つのあり方があるとも、九つのあり方があるともいいます。いま、その分析について、紹介しておきましょう。以下は『五蘊論』の七慢です。

云何なるをか慢と為す。所謂《いわゆる》、七慢なり。一に慢、二に過慢、三に慢過慢、四に我慢、五に増上慢、六に卑慢、七に邪慢なり。

云何なるか慢なる。謂く、劣に於て、己が勝を計し、心、高挙するを性と為す。

(劣ったものに対して自分の方が勝れていると思う)

云何なるか過慢なる。謂く、等に於て、己が勝を計し、或は勝に於て、己が等を計し、心、高挙するを性と為す。（等しいものに対して自分の方が勝れていると思い、勝れているものに対して自分の方が等しいと思う）

云何なるか慢過慢なる。謂く、勝に於て、己が勝を計し、心、高挙するを性と為す。（勝れているものに対して自分の方がより勝れていると思う）

云何なるか我慢なる。謂く五取蘊に於て、随って観じて我と為し或は我所と為し、心、高挙するを性と為す。（身心としての個体を自分である、自分のものであると思う）

云何なるか増上慢なる。謂く、未得増上殊勝所証法中に於て、我已に得と謂い、心、高挙するを性と為す。（悟りをえていないのに自分はすでにえたと思う）

云何なるか卑慢なる。謂く多分殊勝に於て、己が少分不劣を計し、心、高挙するを性と為す。（多く勝れるものに対して、自分は少ししか劣っていないと思う）

云何なるか邪慢なる。謂く、実は無徳なるに己が徳有りと計し、心、高挙するを性と為す。（本当は徳がないのに自分には徳があると思う）

数々の思い上がりの諸相が克明に描写されています。このように人は、自分より勝れた人に対してさえも、自分の方が勝っていると思いこもうとする（慢過慢）存在です。卑慢は、かなりの部分で自分より勝れている者に対し、そのことを素直に認めえず、一部しか劣っていないとして自分を保全しようとする慢のようで、通常いわれる卑下慢、つまり卑下も慢の一つというようなこととはちがうようです。邪慢の、徳あるかと思いこみ、人にもそう見せるのも問題ですが、特に増上慢は、インド・当時の仏教では大問題でした。戒律（『律蔵』）で、もっとも重い罪はサンガより追放処分となる波羅夷罪ですが、それは、殺・盗・婬《いん》・妄の四つでした。この中、妄とは妄語、うそをつくことですが、すべてのうそがこの重い罪に相当するわけではありません。うその中でも特に悟っていないのに悟ったと言ううそに、この妄語は限られるのです。これを大妄語といいます。ちなみに中妄語は、根拠なくしてサンガの同僚等を誹謗《ひぼう》中傷することです。この大妄語・中妄語以外のうそが小妄語で、順に罪は軽くなるのです。ともあれ、悟ってもいないのに悟ったと言うことは厳重に誡《いまし》められていて、逆に言えば当時のインドではそういうことがままあったということでしょう。ちなみに、悟っている人でも、悟ったと言うことは戒律に禁止されていることです。

さらに我慢がありました。これは、身心なる個体としての一現象に対して、自分・自分のものと見なして、しかも心が高挙することとありました。無いものを有るとすること自体に、思い上がりがあるということになるでしょう。近代においては、個人の自由はまったく当然のように考えられ、自己は自己の主《ぬし》であると当然のように考えられています。問題は、自由の主体そのもの、自己の主としての自己そのものが、どこで捉えられているかです。自己としての現象を対象化して、それを実体視して、常・一・主・宰の存在と見なされた、そういう我は決して真実の存在ではないと仏教は説きます。人間観の根本を、我々はよくよく反省してみなければならないだろうと思われます。

それにしてもこの我慢が、なぜ強情や忍耐の意になったのでしょうね。

さて、こうした慢の心があると、不慢を障えます。貪の反対の無貪は、善の心所の中にありましたが、慢の反対の不慢は、実はそのものとしては善の心所の中にありません。しかしこの不慢は、やはり善の心所の慚《ざん》（恥じる心）の一種（一分）だと言います。あるいは、善の心所の信の一種とも、行捨（常に気持が平静でいること）の一種とも言います。逆に言えば、慚の心があり、あるいは信や行捨の心があれば、慢心はおきないということです。

この慢心があると、勝れたことがらや勝れた人に対して謙遜《けんそん》の心をおこすことができず、素直に敬愛し、学習したりすることができません。その結果、結局、悪業をつくり、生死輪廻の苦しみから逃れることができなくなってしまいます。それは無窮、きわまりがないと言います。慢もまた、結局、苦をもたらすのです。

憎しみと怒り、瞋

根本煩悩で残るのは、瞋です。それには次のようにあります。

云何なるを瞋と為《す》る。苦と苦具との於に、憎恚するをもって性と為し、能く無瞋を障え、不安と悪行との所依たるをもって業と為す。謂く、瞋は必ず身心を熱悩して、諸の悪業を起さしむ。不善性なるが故に。

ここの苦は、三苦（苦苦・壊苦・行苦）ないし、四苦八苦等でよいでしょう。この世における現実のさまざまな苦しみのことです。苦具とは、その原因となるもののことです。他人が何かの賞をもらったり、あるいはサッカーのくじ、トトに当たって大儲《もう》けしたりということさえ、自分の苦しみの原因になりえることでしょう。自分の心のもちよう次第で、いっさいの事柄が苦しみの原因になりかねません。苦しみとその原因があるとして、それに冷静に対処しえず、憎恚《ぞうい》する、憎しみ怒るのが瞋です。瞋は怒りのことですが、それは公憤のような怒りであるより、自分の思いどおりにならない状況に対する憎悪《にくしみ》の心というものでしょう。

この瞋の心が起きると、善の心所の一つである無瞋を妨げます。無貪・無瞋・無癡の三つとも、善の心所として数えられているのです。瞋は、無瞋を障えるだけでなく、不安と悪行とをもたらすといいます。この不安は、不安静ということで、安静でいられないこと、苛立《いらだ》ったり、我慢できない想いに苦しんだりすることです。ここを、「瞋は必ず身心を熱悩して、諸の悪業を起さしむ」と説明されていました。怒りの心があると、身・心が熱悩させられるといいます。身体がカーッと熱くなるだけでなく、心も興奮してやまなくなります。その結果、現実に悪い行い、悪業を犯してしまうことにもなるのです。まことに、怒りの心は怖ろしいものです。

随煩悩の自覚

以上、根本煩悩についてすべてつぶさに見てきました。『般若心経』は、これらについても、無いというのでしょうが、自分自身を顧みれば、とてもこれらの心を無いとは言えないような気がします。果たして『般若心経』は、どのような意味で、これらを無いというのでしょうか。

しかしこのことについては、もう少し後に考察することにして、つづいて集諦を構成すると思われる随煩悩について、やはり自分の心を反省し自覚するということのために、詳しく見ていくことにしましょう。

まず、随煩悩についてですが、『成唯識論』には、

唯だ是は煩悩の分位の差別なり、等流性なるが故に、随煩悩と名づく。

とあります。等流性《とうる》の方は、それ自身、独自の体をもつ随煩悩の心所について言うもので、根本煩悩から派生して独自のダルマとなっているものに関して言うものです。分位差別というのは、ダルマそのものとしては根本煩悩そのものですが、その働きぐあいに応じて別の名前を与えたものです。ですから、これらは根本煩悩のダルマのうえに仮立されたもので、その意味で仮《け》法《ほう》ということになります。前の等流性のものは、これに対し実法（現象世界を実質的に構成しているダルマ）ということになります。

この随煩悩には、二十のダルマがありますが、それは三種類に分けられます。悪心と有覆無記心（末那識と相応する場合等）に必ず起きるのが大随惑、悪心には必ず起きるのが中随惑、意識のみと相応し、各個別に起きるのが小随惑で、しかもその中に、仮法と実法とがあります。図示すると、次のようです。

大随惑
- 放逸（懈怠・貪・瞋・癡の一分）
- 失念（念・癡の一分）
- 不正知（慧・癡の一分）
　――仮法
- 掉挙・惛沈・不信・懈怠・散乱――実法

中随惑――無慚・無愧――実法

小随惑
- 忿（瞋の一分）
- 恨（瞋の一分）
- 覆（貪と癡の一分）
- 悩（瞋の一分）
- 嫉（瞋の一分）
- 慳（貪の一分）
- 誑（貪と癡の一分）
- 諂（貪と癡の一分）
- 害（瞋の一分）
- 憍（貪の一分）

仮法

これらは、随煩悩というわけで、枝末煩悩といわれたり、中には小随惑というのがあったりして、根本煩悩より軽いもののように思われがちですが、必ずしもそうではありません。むしろ日常現実の場で猛威をふるうのは、これらの随煩悩であり、とりわけ小随惑でしょう。特にそれら小随惑のすべては、すでに述べたように根本煩悩そのものを体としているものであり、その具体的な現れ方の相違にもとづいて名前がつけられているにすぎま

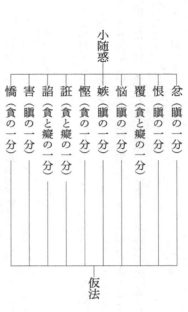

せん。

小随惑とは何か

それでは、随煩悩について見ていきますが、ここは『成唯識論』の説明の順に見ていくことにします。初めに小随惑からで、忿です。

云何なるをか忿と為《す》る。現前の不饒益《ふにようやく》の境に対するに依って憤発するをもって性と為し、能く不忿を障え、杖を執《と》るをもって業と為す。謂く、忿を懐《いだ》ける者《ひと》は、多く暴《あら》く悪《あし》き身表業を発するが故に。

なにか自分にとって思わしくないこと、不都合なことが実際におこったとき、憤発するのが忿であるとあります。ムカツク、頭にくるといった情念でしょう。これがおきると不忿つまり無瞋という善の心所を障えて、さらに暴力に走ることにすらなるといいます。忿を懐いた人は、荒々しい、悪い、目に見える身体的行動（身表業）に至ることがしばしばだからです。

次に、恨です。

云何なるをか恨と為る。恨を先と為るに由って悪《お》を懐《いだ》きて捨せず、怨を結ぶをもって性と為し、能く不恨を障え、熱悩するをもって業と為す。謂く、恨を結べる者は、含忍すること能わずして熱悩するが故に。

忿という怒りの心がおきたとき、そのとき抱いた憎悪の心が捨てられないと、怨念《おんねん》を形成することになる、それが恨だといいます。ここで悪を懐きての悪は、悪《あく》ではなく嫌悪《けんお》や憎悪《ぞうお》の悪《お》（にくしみ）のことでしょう。怒ったときは怒ったで、それはそれとして事に随って流れていればよいのですが、怨を結んでしまうと不恨（無瞋）を障え、さらに熱悩させられてしまうことになります。憎しみの感情を反すうして、狂おしいまでに悩むことになるというのです。その際、含忍できなくなるとあります。冷静に耐え忍び、事柄の真相を的確に判断し、前向きに建設的な方向へ努力することができなくなってしまうというのです。最近の世相では、怨を結ぶ前にすでに含忍できず、すぐキレてしまうようで、心の荒廃にはなげかわしいものがあるように思います。

次に覆です。

云何なるをか覆と為る。自の作れる罪の於《うえ》に、利誉を失わんかと恐れて、隠蔵《おんぞう》するをもって性と為し、能く不覆を障え、悔悩《けのう》するをもって業と為す。謂く、罪を覆える者は、後に必ず悔悩して、安穏《あんのん》にあらざるが故に。

覆は自分が犯した罪を、それが発覚したら経済的にも地位的にも失うものが大きいことを恐れて、覆いかくしてしまう心です。ここは、一つは、利・誉、つまり名利の念にとらわれていることが問題でしょう。と同時に、罪をありのままに告白しないことは、その人の心を大いに乱し傷つけるのだということが自覚されています。罪を認め告白しないと、必ず後悔し懊悩《おうのう》するのだとあります。仏教で戒律を破った罪の多くは、懺悔《さんげ》することによって許されますが、その懺悔とは、自分の犯した罪を実際に口に出して告白することです。懺悔に、この告白は不可欠なのです。罪の軽重によって告白の対象となる人の人数の増減等があるのですが、そのように、罪を隠さず告白することは仏教では大変重視されています。覆は、それにふたをしてとじめこめてしまうわけです。口をぬぐってしらばっくれてしまうわけです。その当座はそれですんでも、必ずあとになってうっくつした気分になり苦しむことになるのです。なお、覆は、貪と癡の一分ですから、不覆は無貪・無癡が実質ということになります。

次に悩です。

云何なるをか悩と為る。忿と恨とを先と為《し》て、追触《ついそく》・暴熱《ぼねち》して、很戻《こんらい》するをもって性と為し、能く不悩を障え、蛆螫《だっしゃく》するをもって業と為す。謂く、往の悪《お》を追い、現の違縁に触れて、心便ち很《ひが》み戻《もど》りて、多く囂暴凶鄙《きょうぼうくひ》の粗言を発して、他を蛆螫するが故に。

悩は、忿と恨があるところへ、過去の憎悪（往の悪）の対象を追憶、追念し、あるいは現在の気に入らない諸縁に触れることによって、心が、暴熱して、つまり荒々しく熱くなって、ひがみ（很）、ねじれる（戻）状態になったことを言います。この説明によるかぎり、そういう、暴熱して很戻している状態ということで、悩の心の状態を表しているのでしょう。

この心がおきると、さわがしく、荒っぽい、攻撃的な、汚い粗暴な言葉を発して、他者のことを、傷つけることになるといいます。ここでは特に、言葉の行為に焦点をあてて、その表れを見ています。忿は身業につながる瞋でしたが、悩は語業につながる瞋だということになります。その口撃の様子が、蛆・螫すると描かれていましたが、サソリがはさみではさむように、毒虫が針で刺すように、悩を懐いた人は他人の急所を口撃するというのです。不悩は、無瞋のことになります。

次に嫉です。

云何なるをか嫉と為る。自の名利を殉《もと》めて、他の栄に耐えずして、妬忌するをもって性と為し、能く不嫉を障え、憂戚《うしゃく》するをもって業と為す。謂く、嫉妬の者は、他の栄を聞・見せば、深く憂戚を懐きて安穏ならざるが故に。

他者のさまざまな分野での繁栄に耐えられず、相手を妬《ねた》んだり忌避したりする心とあります。その心が起きるのは、自分自身に名利を求める心が強烈にあるからでしょう。他の栄とは、生まれがよい、金持である、出世した、功績をあげた、容姿がよい等々、さまざまなことがありえます。

このような嫉妬の想いにとらえられますと、その人はゆううつな心となり、安穏でいられなくなると言っていますが、よく心の動きを分析しているようにおもいます。嫉妬の念から逃れるのは容易ではありませんが、心を暗くし、穏やかでなくするのは、そもそも自分にとってもよいことであるはずがありません。まずはそう考えて、この念から解放されたいものです。

嫉は瞋の一分ですから、不嫉は無瞋の心所ということになります。

次に慳です。

云何なるをか慳と為《す》る。財と法とに耽著して、恵捨することあたわず、秘吝《ひりん》するをもって性と為し、能く不慳を障え、鄙畜《ひちく》するをもって業と為す。謂く、慳吝の者は、心に多く鄙渋《ひじゅう》し、財と法とを蓄え積みて、捨することあたわざるが故に。

慳とは、ものおしみの心であり、けちの心です。それは、財産に対してだけでなく、法（教え）に対してもそういうことがありうるといいます。勝れた教えは、自分だけのものにしておこうという気持ちが、人間には起きてくるものです。さらに知識や技術は、競争相手にはとても提供できないことでしょう。そうした財物や知識等に関して、溺《おぼ》れるかのようにとりつかれて、人に施してあげることができず、隠し持ち愛惜するのが慳というものです。それは、不慳（無貪の一種）を障え、それらをますます貯めこんでいくことになります。というのも、財・法に対してすぱっと離れることができないからです。

次に誑《おう》です。

云何なるをか誑と為る。利誉を獲んが為に、矯《かた》しく徳有りと現じて、詭《いつわ》り詐《あざむ》くをもって性と為し、能く不誑を障え、邪命（よこさまにいきわたる）をもって業と為す。謂く、矯誑の者は、心に異の謀りごとを懐きて、多く不実邪命《じゃみょう》の事を現ずるが故に。

誑は、本来の姿とは異なる姿を現じてたぶらかすことですが、特に実際の供養や名声をえようとして、本来、有りもしない徳をいかにも有るかのように粧《よそお》って、他者をあざむくものです。悟ってもいないのに悟ったかのように見せ、ろくに修行もしていないのにさも長年しているかのように見せ、人徳もないのにあるかのように見せるのが、誑です。この心があると、不誑（無貪・無癡）を障え、よこしまな生活を送るようになってしまいます。よこしまな生活とは、実はとうてい供養を受けるに値しない人間なのに、人様から供養を受けて、それで生活していくようなことです。本来、出家の人は在家の人々の余りもので生活すべきなのですが、当時の出家者の中には、より多くの高級な供養にありつこうと、いかにも自分が勝れているかのような姿をことさら見せつけたりする者もいたようです。矯しくというのは、実際にはないあり方でということです。

次に、諂《てん》です。

云何なるをか諂と為る。他を網《こめ》んが為の故に、矯しく異儀を設けて、険《いつわ》り曲《まが》れるをもって性と為し、能く不諂と教誨とを障うるをもって業と為す。謂く、諂曲《てんごく》の者は、他を網《か》け帽《こめ》んが為に、曲て時の宜に順って矯しく方便を設けて、他の意を取り、或は己れが失を蔵さんが為に、師友の正しき教誨に任せざるが故に。

諂はへつらうという字ですが、自分の過失を指摘する先輩などを、いろいろとふつうとは異なる様相を呈しつつ丸めこんでしまうことで、したがってまさにへつらうことになります。この心があると、無貪・無癡の心を邪魔するだけでなく、正しい教誨をうけることができません。それでは修行して心を浄化していくことにはならないわけです。具体的に、相手のごきげんを取ったりする（他の意を取り）わけで、その場しのぎの不誠実な対応できりぬけようとする心であり、とても修行者の心にふさわしいものとはいえません。

次に害です。

云何なるをか害と為る。諸の有情の於《うえ》に心に悲愍すること無くして、損悩するをもって性と為し、能く不害を障え、逼悩《ひつのう》するをもって業と為す。謂く、害有るひとは、他を逼悩するが故に。

害は、人々への思いやりの心がなく、相手を何らかの意味で損ね悩ませる心といいます。いわば攻撃的な心といってよいでしょう。これがあると、慈悲の心（詳しくは特に悲の心）を邪魔し、相手を深く悩ませてしまうことになります。これは、瞋の心の一つの表われなのでした。

小随惑の最後は、憍です。

云何なるをか憍と為る。自の盛なる事の於に深く染着を生じて、酔傲《すいごう》するをもって性と為し、能く不憍を障え、染が依たるをもって業と為す。謂く、憍酔の者は、一切の雑染の法を生長《しょうちょう》するが故に。

憍は、うぬぼれの心です。何であれ自分の秀でているところ、長寿とか、健康とか、容姿端麗とか、頭脳優秀とか、あるいは裕福とか、家柄とか、それに深い愛着を生じて、のみならずそのことに酔い、その結果、傲慢《ごうまん》になる心です。この心があると、一切の雑染法を生産し増長させていくといいます。雑染法というのは、煩悩雑染・業雑染・生雑染と言いならわされていて、惑・業・苦のすべて、生死輪廻の原因と結果のすべてになります。

以上、忿・恨・覆・悩・嫉・慳・誑・諂・害・憍の一〇の随煩悩の心所が、小随惑といわれるものでしたが、私たちの日常の心のはたらきようを、実によく分析・究明していると思わずにはいられません。

中随惑とは何か

ついで、中随惑（悪心には必ず一緒に起きている心）ですが、これには、無慚・無愧《むき》の二つがあります。一般に、慚は自己に対し恥じる心、愧は他者に対し恥じる心と言われますが、『成唯識論』の慚・愧の解釈はもう少し緻密《ちみつ》です。いずれにせよ、その慚・愧の心がないのが、無慚・無愧です。

云何なるをか無慚という。自と法とを顧ずして、賢と善を軽拒《きょうこ》するをもって性と為し、能く慚を障礙し、悪行を生長するをもって業と為す。謂く、自と法との於《うえ》に顧る所無き者は、賢と善とを軽拒し、過悪を恥じず、慚を障えて諸の悪行を生長するが故に。

云何なるをか無愧という。世間に顧ずして、暴・悪を崇重《すうちょう》するをもって性と為し、能く愧を障礙し、悪行を生長するをもって業と為す。謂く、世間の於に顧る所無き者は、暴・悪を崇重し、過罪を恥じず、愧を障えて諸の悪行を生長するが故に。

無慚は、自分と教えとを顧ることなく、修行等を軽視し、乃至拒絶するもの、無愧は世間を顧ることなく、悪や粗暴なふるまいをよしとするものです。それぞれ、慚・愧の心を障えて、悪行を生ぜしめ、あるいは増長せしめます。慚・愧の心、深く恥ずかしく思う心がいかに重要か、知られることでしょう。

大随惑とは何か

さらに、大随惑があります。これは、悪心と有覆無記のこころには、必ず相応して起きているといいます。以下、順に簡単に見ていきます。初めに、掉挙《じょうこ》です。

云何なるをか掉挙という。心をして境の於《うえ》に寂静ならざらしむるをもって性と為し、能く行捨と奢摩他とを障うるをもって業と為す。

対象に対し、静かに心を合わせるのを妨げるのが掉挙で、平静な心（行捨）や、止観の修行の中の止（奢摩他《しゃまた》）を障えるといいます。一つの対象に対し、さまざまな心が次から次へと起きてくることです。

次に、惛沈《こんじん》です。

云何なるをか惛沈という。心をして境の於に無堪任ならしむるをもって性と為し、能く軽安と毘鉢舎那とを障うるをもって業と為す。

堪任というのは、任に堪えうるということで、快調に事を遂行することが可能なこと。無堪任とはその反対です。身心が快適で活発である状況（軽安）と止観の観（毘鉢舎那《びばつしゃな》）

を障えると言います。

ついで、不信です。

云何なるをか不信という。実と徳と能との於に、忍じ楽《ぎょう》し欲せず、心を穢《けが》すをもって性と為し、能く浄信を障え、惰が依たるをもって業と為す。謂く、不信の者は、懈怠多きが故に。不信の三つの相は、信に翻して応に知るべし。然も諸の染法は、各々別相有り。唯此の不信のみ、自相渾濁なり。復た能く余の心・心所をも渾濁す。極めて穢物の自も穢れ、他をも穢すが如し。是の故に此は心を穢せしむるをもって性と為すと説けり。不信に由るが故に、実と徳と能との於に、忍じ楽し欲せず、別に性有るものには非ず。若し余の事の於に、邪に忍じ楽し欲するは、是れ此れが因と果となり、此が自性には非ず。

不信は、その本質を言えば、心を穢すもののことです。しかしこれがあるが故に、実を忍（認）することなく、徳を楽する（願う）ことなく、能を欲することがなくなることになります。この三つのあり方は、善の心所の信にも説かれたところで、初は、「諸法の実の事と理との中に於て、深く信忍する」こと。いわば、仏教の教え全般への信認（知）です。中は、「三宝の真浄の徳の中に於て、深く信楽する」こと。仏・法・僧の浄徳に憧《あこが》れること（情）です。後は、「一切の世と出世との善の於に、深く力有りて能く得し能く成ぜんと信じて、希望を起こす」ことで、世間・出世間の修行が、菩提と涅槃とを実現していく力能があることを信じて、それに向かっていこうとすること（意）です。このような信がない、不信の心があるということは、一方では何か誤った教えを信じているということでもあります。そこで仏道とは異なる思想・実践等に向かうことにもなってしまうわけです。このように不信の相は三つに分析して示すことができるのですが、先にも言うようにその本質はその心自らが穢れていて他の心を穢していくところにあるのです。この不信の心があると、修行に向かわせないことになる、つまり、懈怠へと導くことになります。

次はその懈《け》怠《だい》の心です。

云何なるをか懈怠という。善・悪品《ほん》の修し・断ずる事の中に於て、懶《らん》惰《だ》なるをもって性と為し、能く精進を障え、染を増するをもって業と為す。謂く、懈怠の者は、染を滋長するが故に。諸の染の事の於に策動するをば、亦た懈怠と名づく。善法を退するが故に。

懈怠は、修善と止悪ということに関して、努力しないことであり、そこを懶惰といっています。諸の悪事にかまけているのも、懈怠の一つです。というのも、その場合は修行から遠のいているからです。この心があると、精進《しょうじん》を妨げることになります。

次に、放逸です。

云何なるをか放逸という。染・浄品の於に、防し・修することあたわずして、縦蕩《じゅうとう》なるをもって性と為し、不放逸を障え、悪を増し善を損するが所依たるをもって業と為す。

この放逸も、防非・修善ができないのですが、それは、怠けるからではなく、縦蕩であるからといいます。ほしいままにしたい放題することが縦蕩で、戒律や規範にそむき、ただ自分の気に入ったことのみに専念するようなものです。その結果、悪を増し、善を損ねることになります。なお、この放逸は、懈怠と貪・瞋・癡とが合わさってそのようなあり方になっているところに名づけたもので、実法ではありません。

次に、失念です。

云何なるをか失念という。諸の諸縁の於に明《みょう》に記することあたわざるをもって性と為し、能く正念を障え、散乱が所依たるをもって業と為す。謂く、失念の者は心、散乱なるが故に。

失念とは、諸々《もろもろ》の事柄をはっきり記憶できないことを言います。それは心が散乱することを導くといいます。ものごとをはっきり記憶するためには、心が集中された状態になければならないし、その方が仏道修行にかなっているというのです。

次に、その失念が導くという、散乱についてです。

云何なるをか散乱という。諸の所縁の於に、心を流蕩《るとう》ならしむるをもって性と為し、能く正定《しょうじょう》を障え、悪慧が所依たるをもって業と為す。謂く、散乱の者は悪慧を発するが故に。

散乱は、ある一つの心が次々と対象を変えていくことです。このようなことになると、正しい禅定《ぜんじょう》を妨げ、まちがった判断をなすようになります。これは、一つの対象に対し多くの心が起きてくる掉挙と対照的になっています。

大随惑の最後は、不正知です。

云何なるをか不正知という。所観の境の於に謬解《みょうげ》するをもって性と為し、能く正知を障え、毀犯するをもって業と為す。謂く、不正知の者は、毀犯する所多きが故に。

この説明によりますと、不正知は、観察（止観行）において、誤って解することのようです。ただ、そのはたらきは、悪の身・語業《ごごう》を起こして、戒を犯させるとあり、この間のつながりにやや隔たりがあるようにも感じられます。なすべきこととなさざるべきことをよくわきまえていないというのが不正知でよいかとも思います。

以上で、中随惑も大随惑も見おわりました。これで、煩悩・随煩悩のすべてをつぶさに見てまいりました。私たちにとって、起こすべきでない種々の心がよく知られたと思います。いや、私たちに絶えず起きている心のありさまが、よく整理されて自覚されたと思います。実に仏教は、私たちの心のありさまを克明に分析・究明しています。

心の中に生じる集諦

以上の諸煩悩の、苦を招く原因となるものが、集諦というものになります。

これらの煩悩・随煩悩の心所（心所有法）が、私たちの心にはとっかえひっかえ、ひっきりなしに起きているわけで、とても、無集諦と、それらは無いと否定することなどできないように思われます。いったい、『般若心経』が「無苦集滅道」と、これらを否定するのはどういう意味においてなのでしょうか。

しかし、この問題の解明も、さらに滅諦・道諦が何であるかを見てからのことにいたしましょう。

滅諦と涅槃

ここまで、集諦の内容についてかなり詳しく見てきました。私たちの最大の問題は苦であり、その苦しみの原因（集諦）が無明・煩悩であるとき、それは一体どういうものであるのか知ることは大変、重要なことだと思います。そこであえてその一つ一つについて、つぶさに見てきたのでした。

さて次に、滅諦についてです。滅諦とは、人間に必ずつきまとっている苦が完全に滅する地平があるということの真理です。これに対して次の道諦は、その滅諦を実現する道のことで、つまり修行のことです。集諦が因となって苦諦の果があったように、道諦が因となって滅諦の果がある。これが四諦説の全体の構造なのでした。

滅諦は、涅槃の語によって語られます。涅槃の語は、梵語《ぼんご》ニルヴァーナの音写ですが、ニルヴァーナは、よく火を吹き消した状態を意味する言葉といわれます。つまり涅槃は煩悩の燃えさかる火がおさまりつつあるのをさらに吹き消して、その結果、苦が滅した世界だということです。煩悩を消滅させたとき、生死輪廻を超えて涅槃に入るわけです。

この涅槃に関して、有余依《うよえ》涅槃と無余依《むよえ》涅槃とが言われます。余りの所依《しょえ》（個体を構成するもの）がまだ有る段階での涅槃とそれすらも無くなってしまった涅槃とです。この依（所依）というのは、過去の業によって生存する身心のことであり、悟りを完成してもなお残る個体の身心が余依です。釈尊はこの世で修行を完成し、涅槃の境地を実現しましたが、まだご存命中は身心が残っています。しかし八十年の生涯を経て、死ぬことになり、身心も無くなった世界に入りました。そこに有余依涅槃と無余依涅槃との区別があるわけです。

よく涅槃はやすらぎの世界というように翻訳されたりします。なるほど苦の滅した世界のはずですから、やすらぎの世界ということにもなるでしょう。とりわけ、身心があれば、そこにやすらぎを実感しうることでしょう。しかし身心もなくなった無余依涅槃には、はたしてやすらぎというものがあるのでしょうか。一体、その世界はどのようなものなのでしょうか。

無余依涅槃の世界を別に、灰身滅智《けしんめっち》と言ったりします。身・智を灰滅《かいめつ》したところのことで、そこには物質的・精神的要素がまったく存在しないというのです。にもかかわらず、涅槃があるといいます。一体その涅槃の世界はどんな世界なのか、了解するのが難しく思われます。

説一切有部の五位七十五法のダルマの体系においては、涅槃は三つある無為法の中の一つ、択滅《ちゃくめつ》無為というダルマのこととされます。択滅というのは、択力所滅《ちゃくりきしょめつ》ということで、智慧の力（択力）によって無明・煩悩が滅せられた状態のことです。それは、生死輪廻を超えた世界のことですから、無為の世界、すなわち作用や変化のまったくない世界ということになります。いわば常住不変の世界です。涅槃はそのような無為法の一つですから、無（虚無）ともちがうようです。しかし身心の活動（有為法）のまったく無いこの無為法の世界は、一体どんな世界なのか、どうもはっきりしません。

智慧が裏づける涅槃

『般若心経』が否定するものは、まずは実体的にとらえられたものについてであると考えられるとき、この無苦集滅道の中の滅諦も、実体的存在としてのダルマの体系（五位七十五法）の中の無為法である涅槃と見ておいてよいでしょう。大乗仏教は、まさにこの涅槃観を否定したところに成立します。修行の最終目標が、そのように何の活動もない状態になること、無にも等しい状態になることで、はたして本当によいのかという問題提起です。ただ生死輪廻の苦しみから逃れられればよいのか。大乗仏教はそうは考えません。むしろ自分が生死輪廻を離れたら、また生死輪廻の中に入って行って、しかもそれに染まらず、とらわれず、自在に苦悩する人々を救済していく活動をめざします。生死輪廻からの自由でなく、生死輪廻への自由を追求しているのです。人間が修行する、その最終目標は、身心を滅してしまうような世界ではなく、どこまでも自利利他の主体として実現していくことにあるとしたのです。それは、智慧を完成することによって成就します。悟りの智慧が実現したとき、悟った人＝仏となるわけです。

仏として悟りの智慧を実現するには、自己の中に存する無明・煩悩を残りなく断じなければなりません。その場合、我執に基づく煩悩（煩悩障という）と法執に基づく煩悩（所知障）とが分析されます。かの小乗の、生死輪廻を離れるだけという涅槃は、無明・煩悩の中でも、我執に基づく煩悩（煩悩障）だけを断つことによって実現するもので、法執に基づく煩悩（所知障）はいまだ断じられていなかったのです。その涅槃はある意味で不完全であり、そのような涅槃に入って満足している者は、仏という存在からほど遠いということになります。小乗仏教では、修行者は仏にはなれず、阿羅漢にとどまります。

一方、大乗の修行者すなわち菩薩は、修行の中で、我執だけでなく法執も断じ、すなわち煩悩障も所知障も滅尽して行きますから、無障礙《むしょうげ》となって智慧を完成し、仏となりえます。この悟りの智慧が存在する以上、涅槃は灰身滅智の世界とはなりえません。では、大乗仏教の涅槃は、どのような世界なのでしょうか。

それは、智慧（菩提）に裏づけられた涅槃として、無住処涅槃というものになります。すなわち、生死に住さず、さらに涅槃にも住さない、どこにも住さない、そこに涅槃を見るものです。かえって生死輪廻のただ中において涅槃を証していく立場になります。それは、我（アートマン）だけでなく法（ダルマ）のすべてが空であることを悟っていることによって、その故に我・法のすべてとともにあったとしても、しかもそれらにとらわれない境地が開けるからです。一切諸法は空であるが故に、何ものにもとらわれず、何ものにも住することがない、どこにでも自由自在に入っていける、その無住のところに涅槃を見るのが大乗の立場なのです。

初めから涅槃の世界に

『般若心経』に「色即是空・空即是色」とありましたように、空ということはそれだけで独立に有るものではありません。必ず、色の空であったり、受・想・行・識の空であったりします。空とは何かあるものにその自体・本体、それ自身としての永遠不滅の存在が無いことを言うのであって、その「何かあるもの」とは、結局、現象ということになってきます。そのように一切の現象に本体がないこと、空というあり方にあることはつまり普遍的な真理であって、その空というあり方のことを、空性といいます。

大乗仏教では、無為法、変わらない存在を、この空性に見ます。この空性のことを、法性と言ったり、真如と言ったりします。清浄法界と言ったりもします。言葉は違いますが、みな同じものを指します。その空性・法性・真如は、色・受・想・行・識の五蘊や、さまざまな有為法の本性のことで、有為法つまり現象を離れてそれだけで存在するものではないのです。小乗仏教（特に説一切有部）では、無為法は常住不変の実体としてのダルマで、独立に自存するものでした。つまり涅槃は有為法とは別に、生死輪廻とは別に存在したのです。しかし大乗仏教では、真如・法性の無為法は、空性に異ならず、それは有為法のただ中に、したがって生死輪廻のただ中に見出されます。涅槃を無為法と見るとしても、それは生死輪廻のただ中に見出されるべきなのであり、色即是空・空即是色と同様、まったく生死即涅槃、涅槃即生死なのです。したがって生死の苦悩を脱した者は、決して生死を離れずに生死の中に涅槃を証していく、無住処涅槃に生きるということになるわけです。

さて、そのように真如・法性すなわち空性が涅槃だとすると、それは修行して初めて成就するというより、すでに私たちが苦しみ、のたうちまわっているそのただ中にあるということになります。もとより色即是空・空即是色で、一切は空を本質・本性としているからです。たとえ私たちが我執・法執にどれだけまみれていても、その身心の活動も含めて世界はもとより空を本性とし、空性と一つであり、その空性としての真如・法性に貫かれています。とすれば私たちが無明・煩悩に苦しんでいるただ中にも、実は涅槃の世界はあるということになります。実は私たちは、なんと初めから涅槃の世界にあったのでした。この涅槃を自性清浄《じしょうしょうじょう》涅槃といいます。そのように本来、自性清浄だからこそ、智慧が完成すると、無住処涅槃になるわけです。

四つの涅槃

こうして、大乗仏教では無住処涅槃を説き、さらに自性清浄涅槃を説くということになります。一方、伝統的には、有余依涅槃と無余依涅槃とがありました。とすると、一口に涅槃と言っても、大乗仏教では四つの涅槃が考えられるわけです。自性清浄涅槃は、煩悩が断じられない段階で、自己の直下に見出される涅槃。有余依涅槃と無余依涅槃は、我執に基づく煩悩すなわち煩悩障を断じたところに成立する涅槃。無住処涅槃は、我執に基づく煩悩のみならず、法執に基づく煩悩すなわち所知障をも断じたところに実現する涅槃です。空海《くうかい》は、「無礙離障はすなわち入涅槃」と述べています（『般若心経秘鍵』）が、無礙《むげ》離障（無障礙）に涅槃を見るのはこの唯識の説明をふまえたものと思われます。

以上の四種涅槃について、『成唯識論』巻十に要を得た説明がありますので、参考までに掲げてみましょう。

（四には所転得。此れに復た二有り。）一には所顕得。謂く大涅槃ぞ。此は本より来《このかた》自性清浄なりと雖も、而も客障いい（いいは主格を表す）覆ひて顕さざらしむるに由りて、真聖道いい生じて彼の障を断ずる故に、其の相を顕われしむるを涅槃を得すと名づく。此は真如の障りを離れたるに依りて施設す。故に体は是れ清浄の法界なり。涅槃の義の別《こと》なること略して四種有り。

一には本来自性清浄涅槃。謂く、一切法の相たる真如の理ぞ。客染有りと雖も而も本より性浄し、無数量の微妙《みみよう》の功徳を具せり。生も滅も無く、湛《す》めること虚空の如し。一切の有情に平等に共有なり。一切の法と一にもあらず異にもあらず。一切の相と分別とを離れたり。尋思の路絶えたり、名言の道断えたり、唯《ただ》真の聖者のみ自ら内に証《かな》ふ所なり。其の性、本より寂なり。故に涅槃と名づく。

二には有余依涅槃。謂く、即ち真如が煩悩障を出でぬるぞ。微苦の所依有るも未だ滅せず、而も障りを永《よう》に寂したり。故に涅槃と名づく。

三には無余依涅槃。謂く、即ち真如が生死の苦を出でぬるぞ。煩悩を既に尽しつ、余依もまた滅して衆苦を永に寂したり。故に涅槃と名づく。

四には無住処涅槃。謂く即ち真如が所知障を出でぬるぞ。大悲と般若とに常に輔翼せらる。斯に由りて生死にも涅槃にも住せずして、有情を利楽すること未来際を窮めて用うれども常に寂なり。故に涅槃と名づく。

この説明を見ますと、涅槃を寂の義によって解していることがわかります。それぞれの涅槃に、それぞれの寂の義があることが説明されていました。と同時に、その寂とは離障・無礙において言われています。これは、ニルヴァーナを、ニルヴリから派生した語と見ていることを表わします。

さて、そのように涅槃にもいろいろありますが、『般若心経』が無滅（諦）と否定する、その否定される滅諦すなわち涅槃は、どれのことでしょうか、小乗の実体視された無為法としての涅槃だという答えは、解りやすいでしょう。しかし、本来空性のことである大乗の四種涅槃にしても、そういう涅槃が有ると、知らず知らずのうちに実体視されてしまったら、それらもまた否定されるべきでしょう。ただし、ここでもその否定の意味はまた考えるとして、次に四諦の最後、道諦について見ていきたいと思います。

八正道の正しさとは何か

道諦とは、すでにふれましたように、滅諦を実現していく因としての修行のことです。仏教で修行といえば、何と言っても戒・定・慧の三学が根本です。生活を調え、心を統一して、智慧を磨いていくということが、仏道修行の根本をなします。ただし、戒・定・慧のおのおのは、さらにさまざまに具体的に説かれることでしょう。そのなか、基本はやはり八正道《はっしょうどう》です。この八正道は、『阿含経』などにおいて、釈尊自身の教えとして説かれていきます。四諦の道諦といえば、八正道を指すとするのがふつうです。八正道は、次のようです。

正見	正しい見方	慧
正思惟	正しい考え方	慧
正語	正しい言葉遣い	戒
正業	正しい行為	戒
正命	正しい生活	戒
正精進	正しい努力	戒
正念	正しい憶念	定
正定	正しい心の統一	定

この八正道も、戒《かい》・定《じょう》・慧《え》の三学にまとめられるべきものでした。八正道の内容は解りやすいのですが、問題は正しい道というその正しさとはどういうことなのか、ということです。そのことについては、経典にはあまりはっきり説かれていません。おそらく、サンガの中で、先輩の修行者から正しい修行とはどういうものか、じかに教授されたことでしょう。ただしいていえば、その正しさとは、中道にかなっているということなのだろうと思われます。

小乗の修行

修行の道については、さらに多くのことが仏典に説かれています。大乗仏教は六波羅蜜《はらみつ》を説くのでした。布施・持戒《じかい》・忍辱《にんにく》・精進・禅定・智慧というもので、戒・定・慧のほかに、さらに布施や忍辱という、対他者的な修行が入ってきています。そのほかにも、多彩な修行が説かれています。まず、『倶舎論』に説かれる修行の階位を示すと、次のようになります。

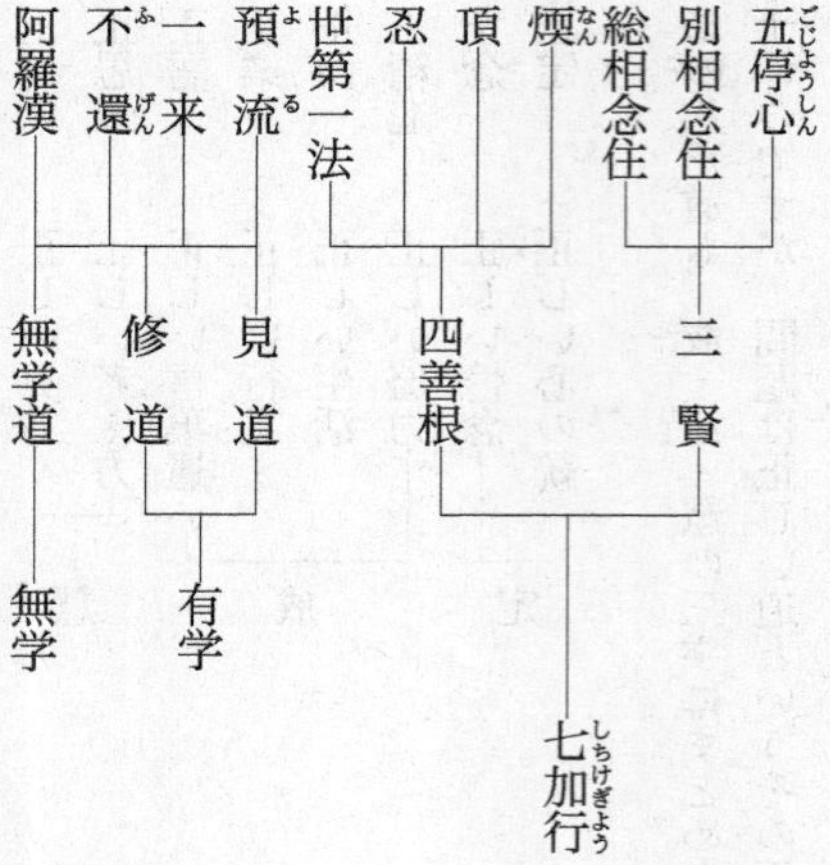

預流以降は、各々に向と果とがあり（四向四果）、預流向が見道、預流果から阿羅漢向までが修道、阿羅漢果が無学道です。

実は五停心の前に、身器清浄《しょうじょう》という段階があります。身器清浄には、身心遠離《おんり》（身・心双方において悪の要素を離れていく）と、喜足少欲（少欲知足と同じ）と、四聖種《ししょうしゅ》（衣服喜足聖種・飲食喜足聖種・臥具喜足聖種・楽断修聖種の四聖種。楽断修とは、煩悩を断じ修行を修することを楽《ねが》うということ）とがあると言います。

こうして、身心を清浄にして修行者としての器を成就していくと、五停心を修します。五停心は、五つの観法のことで、不浄観・慈悲観・縁起観・界分別観・持息念の五つをいいます。この中、縁起観は、十二縁起について観察するものです。界分別観は、個体が地・水・火・風・空・識の六つの要素（六界）の因縁和合によっていることを了解（分別）して、自我への執着を解体していくものです（空海の六大説も、このように仏教の中の伝統をひいています）。最後の持息念は、数息観のことでもあり、さらには随息観等へと深まっていくべきものです。

これらの五停心によって心が鎮まってきますと、次に四念住を修していくことになります。この四念住には、別相念住と総相念住とがありますが、身・受・心・法の四つに関して、別々に不浄・苦・無常・無我と観じるのが別相念住、それらをまとめて同様に不浄・

苦・無常・無我と観じるのが総相念住です。ともあれ、私たちの顚倒《てんどう》した、さかさまの見方を、事実に即して正していくものといえましょう。

こうして、智慧が発達してくるのですが、一つの悟りを得る見道の位に入るためには、さらに修行していかなければなりません。そこで四念住の観察のあと、さらにいわゆる四諦十六行相の観察を行っていきます。それを、煗・頂・忍・世第一法の四つの位において深めていき、そうするとやがてついに無漏《むろ》（煩悩の漏泄がない）の智慧（悟りの智慧）を発して見道に入るのです。

四諦十六行相というのは、苦諦を観ずるに非常・苦・空・非我の四行相があり、集諦を観ずるに因・集・生・縁の四行相があり、滅諦を観ずるに滅・静・妙・離の四行相があり、道諦を観ずるに道・如・行・出の四行相があり、これらをまとめて四諦十六行相というのです。この詳しい説明は省きますが、ともかく無漏の悟りの智慧を発するに先だって、四諦の真実を観察しぬいていくわけです。

以上、三賢（外凡）・四善根（内凡）は七加行と言われ、これらは賢の位とされます。一方、次の預流以降は、無漏の智慧が開けたあとの修行で、聖位《しょうい》となされます。見道でも、四諦を詳しく観察して、四諦の理を見照するのですが、次の、修道では、そのことをまた数々《さくさく》修習するのだと言います。こうして、三界（欲界・色界・無色界。生死輪廻する迷いの世界）に生きる者にひそむいわば先天的な煩悩、あるいは断ちがたい情意的な煩悩（修惑）を残らず断ってしまうと、阿羅漢となり、もう修学すべきものがなくなってしまいます。それが無学道です。というわけで、この無学とは、学識のないことではなく、学ぶべきものがもはやないことを意味します。

こうしてみると、部派仏教の修行の核心は、止観（定・慧の修習）に尽き、また四諦の観察に尽きるように思われます。

大乗の修行

一方、大乗仏教の修行の階位はどのようでしょうか。大乗仏教の基礎学ともいうべき唯識では、五位の修行の階位を唱えます、すなわち、

資糧位（三賢）
加行位《けぎょうい》（四善根）
通達位《つうだつい》（見道）
修習位《しゅじゅうい》（修道）
究竟位《くぎょうい》（無学道）

というものです。部派の階位と、その分け方だけはほぼ対応していることがわかります。

この中、二番目におかれている四善根の加行位は、やはり煗・頂・忍・世第一法の四つの位で止観を修しますが、唯識仏教の場合、その止観の内容はやはり唯識観という観法になります。もっとも、唯識観といっても、実際は言語とその対象との関係を究明していく中で、主―客二元の枠組を超えていこうとするものです。こうして、見道に入ると無分別智が開け、その無分別智は真如を体証します。ここに直覚的な智が開ける（真見道）わけで、しかもそのあと、我・法の空や四諦の観察を行ったりもします（相見道）。

次の修習位（修道）は、十地の修行であり、十波羅蜜（布施・持戒・忍辱・精進・禅定・智慧・方便・願・力・智）の修行が中心となります。やがて究竟位に至れば、四智（大円鏡智・平等性智・妙観察智・成所作智《じょうしょさち》。二四六～二四九頁参照）円明となって、仏と実現するわけです。

さて、この五位の最初の資糧位では、どのような修行をするのかというと、それにはさまざまな修行が考えられています。

よく大乗仏教では、五十二位の修行の階位もいわれます。すなわち、十信・十住・十行・十回向・十地・等覚・妙覚というもので、初めの十信が満たされますと、十住の初位、初発心住に入ります。ここでの発菩提心から正式の修行が始まるわけですが、そこで唯識では、十住・十行・十回向・十地そして仏の四十一位の修行の階位を唱えます。その中、十地の最初に入ったところが見道で、その後の十地の修行が修道、また十地に入る（見道に上る）直前、十回向の最終段階に加行位（四善根）があります。したがってその前の資糧位は、四十一位で言いますと、十住・十行・十回向のすべて（ただし最後の加行位相当の部分は除く）ということになります。ですから、資糧位の修行は、かなり多様にもなるわけです。私たちが大乗仏教の道を歩んでいこうとするとき、唯識思想によれば、当初はさまざまな修行を積んでいかなければならないのです。

その十住・十行・十回向の修行はおのおの特色があるわけですが、資糧位全体の修行としては、六波羅蜜・三十七菩提分法・四摂事《ししょうじ》・四無量等と言われています。そこで以下、これらについて簡単に見ておきましょう。

まず六波羅蜜については、すでによく知られていることでしょう。本書でも、すでに説明しました（四九〜五二頁参照）。

三十七菩提分法とは、菩提を実現するための支分の行といった意味で、それは次のもので構成されます。

四念処（身・受・心・法の観察）
四正勤《ししょうごん》（未生の悪を生じさせず、已生《いしょう》の悪を滅せしめ、未生の善を生じさせ、已生の善を増やしていく）
四如意足（欲・精進・心・思惟）

五根（信・精進・念・定・慧）
五力（前の五根をさらに深める）
七覚支（択法・精進・喜・軽安・捨・定・念）
八正道（正見・正思惟・正語・正業・正命・正精進・正念・正定）

これらすべて合計すると、三十七の徳目となります。その詳しい説明は省き、どんなものがあるのかのみ紹介しておきますが、大まかにいうと、信と精進（勤）と、そして定・慧の修行が核心となっているように思われます。ここには、八正道もあり、また原始仏教以来の五根・五力等々がきちっと継承されています。実際の観察の内容等は大乗独自のものがあるのでしょうが、釈尊以来の仏道修行の伝統がしのばれます。道元は、『正法眼蔵』「三十七品菩提分法」の巻を著わし、「古仏の公案あり、いはゆる三十七品菩提分法の教行証なり」と始めて、その解説を示しています。

次に、四摂事は、布施・愛語・利行・同事で、もっぱら利他の徳目です。道元はまた『正法眼蔵』「菩提薩埵四摂法」の巻に、その解説を書きました（四摂事は四摂法ともいう）。

さらに四無量（四無量心ともいう）も、慈・悲・喜・捨の修行で、やはり利他の修行が眼目になっています。少しこの四摂事、四無量について説明しますと、四摂事とは、菩薩が人々を摂取し引導する行ということで、布施・愛語・利行・同事の四つを言います。布施は物や心の贈り物、愛語は思いやりのあるやさしい言葉遣い、利行はさまざまな利他行、同事は同じ境遇の者となって現れ相手の願いに応じてともに行動することで利益にあずからせることです。一方、四無量は四無量心ともいって、人々を憐愍《れんびん》する無量の心を四種に分けて示したものであり、慈・悲・喜・捨の心のことです。順に、与楽（人々に楽を与える）・抜苦（人々の苦しみを抜く）・人々が離を離れ楽を得ることを喜ぶ・相手を選ばず必ず平等無差別に対応する、という無量の心です。

以上が大乗仏教で一番初めの段階に修すべき行ですが、やはり『倶舎論』の五停心、三賢の修行とやや異なって、布施・忍辱をはじめ、慈・悲の修行等、利他的な修行が多く含まれています。私たちとしては、大乗の道を歩んで無上正等覚《しょうとうがく》を実現しようとするとき、このような基本的な行を修めることから歩んでいかなければならないのです。よく六波羅蜜も、般若波羅蜜さえ修せば、その中に他の五つの波羅蜜も含まれてしまうなどと説かれるのですが、その真実の反面、やはり四摂事や四無量心などを黙々と実践していくことは、とても大切なことのように思われます。

以上、はなはだ簡単でしたが、仏教の修行というものについて概観しました。四諦の中の道諦は、仏教全体の中で考えるとき、単に八正道だけでなく、三十七菩提分法等、多彩なものがあることが知られたと思います。

無苦集滅道の智慧

これまでで、四諦の各々についてつぶさに見てまいりましたが、『般若心経』は無苦集滅道と、道諦も含め、四諦のすべてが無であると言うのでした。四諦は釈尊が説かれた大切な教えであると思われ、仏教全体を貫く根本的な真理であると思われるのに、『般若心経』はそのすべてについて、無いと否定します。一体、それはどうしてなのでしょうか。

まず第一には、これら四つの真理（四諦）は、すべてダルマ（法。世界を構成する要素）で説明でき、そのダルマが実体（本体のある永遠不滅のもの）として考えられているとき、それらを否定したと考えることができます。説一切有部では、五位七十五法のダルマによって世界を説明したのでした。色法・心王・心所有法・心不相応法・無為法の五つのグループ（五位）の、七十五のダルマです。この中、苦諦は、結局、苦受という、受の心所のダルマに帰せられることでしょう。集諦は、無明・煩悩ですから、心所のそれらさまざまなダルマということになります。滅諦は涅槃で無為法の一つです。道諦は修行のことで、信や精進等、また定や慧等、関係する善の心所等のダルマによって説明されるでしょう。

しかも説一切有部は、これらのダルマに関して、三世実有・法体恒有というように見たのでした。要するに、各々のダルマは不滅の存在として考えられたのです。しかし般若波羅蜜多の智慧から見て、そのような実体としてのダルマなど存在しない、諸法は空に他ならない、したがって実体視されたダルマで語られるような四諦もないのだ、ということで

でしょう。

無苦集滅道と四諦を否定したのだと考えられます。この見方は、比較的了解しやすいことなお、大乗仏教でも、唯識などによれば、四諦は五位百法のダルマによって説明されるべきものです。しかし大乗仏教はそれらの法のすべてを実体視せず、空を本質としていると見ます。唯識で言えば阿頼耶識《あらやしき》縁起の中で成立する縁起の存在であり（故に自体あるものではなく）、しかも刹那《せつな》刹那生じては滅し生じては滅している（刹那滅）、したがって本体の無い、無自性・空のものだと見ます。ということは逆に、そのように実体的存在ではない、現象のかぎりのダルマによって、四諦はありうるというべきかもしれません。それは確かにそうでしょう。しかしその了解の中で、いつしか知らず知らずのうちにそれらを実体視してしまったとしたら、それも否定しなければならないでしょう。色即是空・空即是色で、空と即する四諦はむしろ有ると言うべきかもしれません。にもかかわらず、そこで対象化され、結局実体的に捉えられてしまったものについては、無いと否定する必要があることになります。

ふつうは、以上のような解釈で大体終ると思います。しかしここではさらに考えていきたいと思います。四諦の説は、煩悩等を因として苦しみの果があり、修行を因として涅槃の果があるという、二種類の因果を説くものでした。この因果は、仏教として、縁起(因・縁→果）の中に成立するはずですし、その縁起の説は、正に仏教の代表的な教理であると考えられています。しかしながら、因果関係というものが本当に成立するのかどうかは、十分な吟味を必要とすることです。簡単に縁起であるとか、因果があるとか言いますが、はたしてこのことは本当に言いうるのか、とりわけ時間的な因果関係は成り立つのか、深く考えて見なければなりません。このことは、前の十二縁起説にも深く関係するところです。

たとえば、因が無くなってから果が有るとするなら、因は無に帰してしまったのに、何を因として果が成立しえたのか、という大きな問題が生じてしまいます。では、因が有る間に果が有るとすると、時間的に、因を待たずに果は有るということになり、因が因となりえないことになりますし、したがって果も実際に果ではないということになってしまいます。もちろん因の前に果があることは、考えられないことです。こうして、とりわけ時間的な因果関係(もっとも、ふつうは空間的因果関係ということはあまり言わないと思いますが)に関して、因と果とが異時であっても同時であっても成立しないということになってしまいます。

このことは、因や果を実体と見るときだけ言えることではなく、因も果も空なる現象のみだとしても言える、論理的な矛盾です。

あるいはまた、因そのものと果そのものとが、同じとも言えず異なるとも言えないことから、ひいては因果が成立しないということもあります。因と果が同じものだとしたら、当然そこに因果の関係は有りえません。一方、因と果とは異なるものなのだとしたら、果にとって異なるものが因となるのですから、果と異なるものは何でもその因となりうるはずだということになります。しかしそういうことはありえないわけです。

一例に、チーズは牛乳から作られますが、チーズと牛乳とは同じものではありません。しかしチーズと牛乳が異なるものだとすると、同様にチーズと異なる水や油もチーズを作れるはずです。しかしそんなことはありえないことです。実際問題として、チーズにとっての牛乳は、異なるけれどもまた同じものでもあります。そういう同じだけれども異なる、異なるけれども同じだ、という矛盾を認めなければ、因果関係は成立しえないのです。

しかし私たちはいつも、同じか異なるかの二元対立的な枠組しか認めません。言語にもとづく分別の中で、同じか異なるか、そのどちらかしか認めないのです。そうすると、同じだけれども異なるというような事態を認めなければならない因果関係は成立しないということになってしまいます。あるいは、因果関係や縁起の中で語られているその事態そのものの前には、有無・一異等々の二元対立的な価値に貫かれている私たちの日常の言語体系は解体されなければならないということになります。その意味で、言葉で語られる世界は、ひとまずすべて否定されなければならないのです。因果関係によって構成される四諦説も、言葉で語られている限り、その言葉の世界そのものが自壊せざるをえないことになるのです。

こうして、因果や縁起は、いかにも真理のように思われますが、その内実は本来、二元対立的論理を超えたものなのであり、そこでは一般の言語が解体されざるをえないという事情があります。世界の真実、その意味でのリアリティは、言葉による説明では捕捉《ほそく》しきれないのです。そのリアリティそのものは、言葉を超えているのです。龍樹《りゅうじゅ》の『中論《けろん》』も、単純な縁起ではなく、八不《はっぷ》(不生不滅・不常不断・不一不異・不来不出)の戯論寂滅の縁起を説きます。むしろ戯論寂滅の勝義諦を指し示しつづけます。

この立場、つまり因果関係として言葉で語ることは勝義の真理の前に矛盾を孕《はら》み、成立しなくなること、要は言葉で語ることは真実の前に解体されざるをえないこと、その立場から、無苦集滅道と四諦の教説を否定したということも考えられることになります。

このとき、縁起や因果を否定することは、言葉で語る世界を否定するということです。言葉で語る世界は、二元対立の価値に貫かれていて、それは真実の事実(諸法実相)に合致しません。それだけでなく、言葉で語る世界では、事柄を主語として立て対象化し、固定化して、それに対して述語します。事を物化し、時間的世界を空間化して判断する世界であり、動態の世界を実体化してしまいます。そうして、事実そのものから遊離していくことにもなるのです。真のリアリティは、時間が空間化される以前、事が物化される以前、即今・此処・自己の真実そのものにあります。そこには、事柄の対象化以前として、主―客分裂以前にしてしかも根源的な主体そのものがあります。それは不生にして絶対の主体とでもいうべきものです。ここに立つとき、もはや生死もなく涅槃もなく、煩悩もなく菩提もないということになるでしょう。ここに本当の意味での空の世界があります。般若波羅蜜多の智慧に拠るとき、実にこの立場から四諦その他を否定しているのだとは十分理解されます。

真のリアリティの地平に立ちつくして言語世界の虚妄性を見透かしていくとき、つまり苦集滅道の因果関係などないと見るとき、かえってこの立場こそが八正道の正見であったり正思惟であったりすることでしょう。つまりその立場に立った無苦集滅道の了解・観察は、実に道諦になっているということです。それが道諦であれば、滅諦（ただし大乗の涅槃としての無住処涅槃）こそを実現していくのでしょう。だとすると、四諦は無いと見ることが、四諦の説の主旨にかなっていたということにもなります。無苦集滅道こそ、苦集滅道の本質にかなっていたのです。こうして、ここにもまた実に実践的な深い智慧があったのでした。

第八章　本来の自己に目覚める

無智《むち》、亦無得《やくむとく》。

さらに、智というものも無いし、得ることも無いのです。

智そのものの否定

次に『般若心経』は、無智亦無得とつづきます。無・無……と否定を重ねてきた、その大詰めに位置します。これまで、五蘊の否定から始まって、十二処・十八界と否定し、十二縁起を否定し、四諦をも否定して、最後にここに、智もないし得もないと、最終的な否定を示すのでした。

四諦の中には、滅諦も道諦もありました。それすら否定されたことはある意味で驚きでしたが、ここでは、智も無いし、得もないとさえ言うのでした。ここで得とは、一般には智の対象と考えられています。智が能証（証するもの）、得は所証（証されるもの）だというのです。とすれば、小乗仏教でいえば、智は悟りの智慧《ちえ》、得は四諦の理ということになるでしょうし、あるいはその得の最終的なものは、悟りの智慧を通じて到達する究極の世界、すなわち涅槃《ねはん》ということになるでしょう。一方、大乗仏教では、悟りの智慧の対象としてまず真如《しんにょ》・法性《ほっしょう》が考えられ、ついで後得智の対象としての縁起の世界そのものが考えられます。もっとも、大乗仏教の目標は、菩提《ぼだい》と涅槃であり、やはり智と得とは菩提と涅槃と考えてよいでしょう。『摂大乗論』も修行の成果を、増上慧と果断（煩悩《ぼんのう》が断ぜられた果）、つまり智慧と涅槃を見ています。ただし大乗仏教における究極の涅槃は、無住処涅槃なのでした（二一八〜二二二頁参照）。

そもそも仏教は「仏陀《ぶつだ》の教え」のことであり、仏陀とは覚者すなわち悟りの智慧を実現した人のことなのでした。つまり、悟りの智慧があればこそ、仏教というものが成り立つのです。また、『般若心経』は、般若波羅蜜多すなわち智慧波羅蜜を賞揚するもののはずです。般若はプラジュニャー、ここの無智と否定される智はサンスクリットによるとジュニャーナで、言葉としては違いますが、意味するところの実質は、およそ異なるものではないでしょう。これを『般若心経』は否定してしまうのです。つまり般若を謳《うた》うべき経典が般若そのものを否定してもいるわけで、ここにふつうでは考えられない言い分がありま す。一体これはどうしたことなのでしょうか。

なお、『般若心経』の本文は「……無智亦無得。以無所得故、……」と続いていて、この中の「以無所得故」の句は、通常のサンスクリットの言い回しを想定すると、その前にある無智亦無得について、あるいは五蘊以来すべてのことを無と否定してきたことについて、後からその理由を説明したものと考えられます。しかし、中村元・紀野一義訳註『般若心経・金剛般若経』岩波文庫の巻末に示された『般若心経』のテキストによりますと、「無智亦無得」（na jñānaṃ na prāptiḥ）でここまでの文章が終わり、そのあと、

「以無所得故、……」(tasmād aprāptitvād……) とあって、無得のゆえに……と、「以無所得故」はそのあとの文に続くものと示されています。『般若心経』のこの箇所は、そのような続き具合になっていることに留意しておいてください。

さて、無得の得の内容は最終的には涅槃のことと考えられ、涅槃のことについてはすでに四諦の滅諦の説明のところで、詳しく解説しておきました(二一五〜二二四頁参照)。この得の言語 prāpti の意味は、到達・達成・獲得・証得・発見といった意味で、要するに得ることとなのですが、それは智において何ものかを証得することも意味するでしょう。こうして、古来、事実上、智の対象と解釈されているわけです。なお、心不相応法に得のダルマがありますが、ここでは、その特定の心所《しんじょ》と見なくてよいでしょう。もし心所の得なら、智を身につけること、獲得することといったことになると思います。

得を事実上、智の対象と見るとして、では、無智と否定されるその智とは何でしょうか。ここの智と般若とは言葉として異なるとは言え、内容は同じものと考えてよいでしょう。智は悟りとも関係しますし、仏とも関係します。『般若心経』が小乗の教理を否定していく点からすると、この智も、小乗の悟りの智ということになりますが、おそらく、大乗であれ、何か有るものとして智が考えられてしまったら、それも否定の対象となることでしょう。

今、あらゆる人々が仏になることを説く大乗仏教の智に関して、簡単に説明しますと、まず、『摂大乗論』には、智慧に関して、三種のものが説かれています（第八章）。すなわち、加行無分別智と根本無分別智と後得智とです（ここの智はジュニャーナ。なお、五一～五二頁参照）。加行無分別智は、無分別の世界において知られるべき真如法性についての信解《しんげ》に随順しつつ行を行じる、その中に実現している智ということになります。ただしこれは、真の意味での智（無漏《むろ》）とはいえないものです。根本無分別智は、不可言の法性でもある真如を対象とする智です。後得智は、無分別智の上に成立する分別智で、的確な分析をしていくことでしょう。

無分別智は、十地の修行（十住・十行・十回向・十地・仏という四十一位の階程、あるいは十信・十住・十行・十回向・十地・等覚・妙覚という五十二位の階程の中の十地）の一番最初（初地）に上ったときに開けます。しかもその後さらに十地の修行があるわけですが、そこで深層の心の中に巣食う煩悩の要素を断じていくためには、繰り返し無分別智を修習していくのだと言います。そのように無分別智は仏道にとって重要な意味をもっています。

仏と智慧

しかし智慧は具体的なはたらきでもあるわけで、単に無分別智ばかりが尊いわけではありません。その智慧のはたらきをよく物語るものが四智の説です。すなわち、智には、大円鏡智・平等性智・妙観察智・成所作智《じょうしょさち》という四つがあるというのです。特に唯識《ゆいしき》では、転識得智といって、八識が転ずると四智になると説きました。阿頼耶識《あらやしき》は大円鏡智に、末那識《まなしき》は平等性智に、第六意識は妙観察智に、前五識（眼識・耳識《にしき》・鼻識・舌識・身識）は成所作智に転じるといいます。

この中、大円鏡智は、大きな円い鏡のように、宇宙の森羅一切を映し出している智慧です。平等性智は、平等性を悟る智慧で、平等性とは真如法性のことですが、末那識は自我に執著《しゅうじゃく》していたわけで、平等性智になりますと自他の平等性を洞察することになります。したがって、他者に対する慈悲の心、大悲の心の根源ともなるものです。妙観察智は、妙なる観察を実現する智慧で、世界のあらゆる事象の意味・位置を見究めます。成所作智は、所作すなわち作《な》すべき所を成就する智慧です。作すべき所というのは、仏と成った者が、修行に入る前に本願として誓ったことのことで、要は苦しんでいる人々を救済するということです。

以上が簡単ですが四智の内容でして、そもそも仏教はこれらの智なしにはありえないと思われます。智こそが仏の実質をなすからです。なお、この四智と仏との関係についてふれておきますと、仏はしばしば三身によって語られます。よく知られた言葉では、法身《ほっしん》・報身《ほうじん》、化身《けしん》で、これを別の言葉でいうと、自性身《じしょうしん》・受用身《じゆゆうしん》・変化身《へんげしん》の三身ですが、この両者の三身は同じものです。法身は真如・法性のことで、仏はこれを自らの本性としているところを見ます。実は凡夫の私たちもこの真如・法性を本性としています。唯識でいうとそれは智を含まないもので、理とされます。しかし如来蔵思想では、この理（真如・法性）が智でもある（理智不二）と説くので、したがって凡夫にも仏智が内在しているとの説になるのです。

報身は修行という原因の果報としての身ということで、四智そのものがこれに相当します。この報身が仏身の一番中心となるものです。いわば本当の仏と言ってよいでしょう。如来蔵思想でいうと、法身が煩悩におおわれていた（在纏《ざいてん》の法身）のが、煩悩が除かれてそのはたらきが顕現したところ（出纏の法身）ということになります。なおこの報身が受用身とも言われるわけですが、この受用身は自受用身と他受用身に分けられる場合があります。その場合、自受用身は修行によって実現した諸々《もろもろ》の功徳《くどく》を自らに受用するもの、他受用身はそれを他に受用せしめるものということになります。ただしその場合の〝他〟に私たち凡夫は含まれず、一定の位以上（前に記した修行の階程の中で十地の初地以上）に上った菩薩《ぼさつ》（地上の菩薩）だけとされています。この他受用身は、平等性智・妙観察智がその実質となります。慈悲心をもって菩薩らに説法するものだからです。

私たち凡夫に種々の利益をもたらしてくださるのが、化身・変化身で、これは私たちの感覚に現れる映像のようなものです。つまり本当の仏に対して、仮の仏ということになるわけです。この化身を描き出すのは、成所作智ということになります。四智と三身は、概略、以上のような関係となりますが、そのように智が実現すればこそ、仏が成就するのであり、仏が成就すればこそ、仏の教えすなわち仏教がありうるのであって、したがって仏教で智を否定することはふつうなら考えられないことです。

無得ということ

『般若心経』でなぜ智も無いと言われるのか、そのことを考えていく前に、次の無得、得も無いということについてざっと見ておきましょう。

前にも言うように、得は本来、得ること（証得すること）ですが、一般には智の対象、所証を意味すると解されています。小乗仏教では、智の対象は四諦になるのでしょうか。小乗の涅槃は、灰身滅智《けしんめっち》で、智の所証でもない気がします。ただ、智に対してこの得の意味するところは、一般に涅槃ということになるようです。大乗では、智のもっとも核心となるのは無分別智ですから、その対象となると、真如・法性ということです。真如と法性は同じものの別の名前で、法性は法の本性、それは、空というあり方、空性のことです。空性を別の名前で、真如とも言うわけです。これが無分別智の対象です。もっとも、無分別智の場合、真如は対象といっても、能・所（主・客）分裂して、対象的に知られるものというより、直覚的に証されるもので、能・所（無分別智・真如）は平等平等だと表現されたりします。その真如が煩悩障・所知障を脱《ぬ》け出たところは、涅槃と呼ばれたのでした。

大乗仏教で説くこの真如は、現象の一切（有為法《ういほう》）と別のものでなく、その空であるあり方としての本性のことですから、それだけがどこかにあるわけではありません。必ず現象と不可分のものです。しかし普遍的で不変でもある空性としての真如と、時々刻々変化していく個々の現象とは分節できるわけで、無分別智は真如を証し、後得智は個々の現象を知ることになります。『唯識三十頌』では、第二十二頌に、「此（円成実性＝真如）を見ずして彼（依他起性＝一切の現象）をみるものには非ず」とあります。真如を証してはじめて現象世界の空のあり方、それゆえ縁起の中にあるあり方をその通りに知ることができると言っています。私たちは、縁起とか空とかを教えにしたがって了解したつもりでいますが、しかしそれはどこまでも知的な了解にすぎず、本当の意味でそのことを体認したわけではないということです。

ともあれ、得を智の所証と見ますと、それはまず無分別智の所証としての真如・法性ないし涅槃のことであり、智に後得智をも考えるならその所証は世界の一切ということになります。

もっとも、ここの得を心不相応法の得とし、智の体得について否定したものと見ると、智もないし、その智を身につけることもない、という意味になるわけです。これもよい理解のようにも思われます。さらに、ここまで無い、無いと否定してきて、そのすべてをまとめて、すべては無いのだから、仏道においても何か得られるものは何一つない、と言っているという解釈でも、必ずしもまちがいとはいえないと思われます。唐突ながら、道元《どうげん》は「空手還郷《くうしゅげんきょう》」したのでした。

根源的な主体の解放

さて、ではなぜ、無智亦無得と、智もなく得もなしと否定されているのでしょうか。

まずは、それらが実体として考えられたとき、それを否定したと考えられます。『倶舎論』や唯識などのアビダルマでは、世界を多くのダルマで説明するのでした。倶舎《くしゃ》は五位七十五法、唯識（大乗）は五位百法で、その五位とは、色法・心王・心所有法・不相応法・無為法の五つ（倶舎の順）で、心というものを多くの心王《しんのう》・心所のダルマで見て行きます。実は智というのは、心王と心所とが一緒になってはたらいている（相応する）とき、その中にあって心所の中の慧（プラジュニャー）の心所が高度に発達したものを言うのであり、やはりダルマによって説明されるべきものです。それらダルマが実体視されてしまえば、それらは空の立場から否定されなければなりません。得も涅槃であったり真如・法性であるとして、それは無為法ということになりますが、これも実体視されているなら、否定されざるを得ません。

このように実体としての智（としてのダルマ）もなく涅槃もないというのは、まず考えられる解釈です。

では、現象のかぎり（空なる有為法）での智は有るのでしょうか。それはある意味では有るのでしょうが、智が無分別智であり、そこで真如・法性が直覚的に体証されているとき、そこに対象的に把《つか》まえられているものは何もありません。そこをあえて表現すれば、無相といったことになりますが、もとより不可説・不可言の世界です。唯識観等の止観行によって修行していくとき、まずこの無相の世界に入って無分別智によって真如を証することが目標となります。このとき、対象的に得られるもの（知的観念的にも）は徹底的に掃討されてしまいます。こうして、仏の自内証の世界は説くことができないとは、よく言われることとです。そのただ中に立って言えば、智として語られるべきもの、得られるべきものもないし、得として語られるべきもの、得られるべきものもありません。そのように、般若波羅蜜多の智が成就したそのただ中では、まさに無智亦無得が実現するのです。ではそれは、無分別智の世界に立ってのみ言えることなのでしょうか。しかし、考えてみますと、実は私たちの生きている世界のあり方そのものが、本来何も対象的に捉《とら》えられるべきもの（得られるもの）はないのが真実なのではないでしょうか。

『金剛般若経』に、「過去心不可得、未来心不可得、現在心不可得」という言葉があると言います。なるほど、過去はもう自分のものにはなりません。未来も自分のものにしようがありません。では現在はどうか。現在はつかまえたと思ってしまったら、それは過去であり、本当の現在とはなりません。やはり現在もまたつかまえられることはないわけです。

ですから、この現実世界にあって、見たり聞いたり判断したりはたらいたりしている、そのただ中にあって、実は本来、自分のものにできるものは何一つないわけです。得ることのできるものは何一つない、すべては不可得である、このことは、どんなに仏道修行したって変わるはずもありません。むしろ仏道修行が深まれば深まるほど、この真実が明らかになってきて、すべてがおのずから放捨され、知足に生きていくということになります。しかもすべては得られないということが明瞭《めいりょう》になる地平は、自分が現在に立ち尽くしているとき、主体そのものとなってはたらいているそのただ中においてです。すなわち、はたらいてはたらいてはたらきぬいて、しかも何も報酬を得ようとも思わないところに、この不可得を生きるということが実現します。物だけでなく自分自身すら、決して自分のものにはならないのです。このことをはっきり自覚するとき、不思議にもかえって根源的な主体が尽きることなく働き出します。こんこんと湧いてやまない生命が、はたらき出します。一切は不可得であるという絶対の否定は、実はそのまま根源的な主体の実現という絶対の肯定であるわけで、ここに『般若心経』の核心があります。否定に満ちているようで、実はもっとも力にあふれた、元気に満ち満ちていた世界を描いていたわけです。

というわけで、無分別智やら後得智やらにかかわりなく、即今・此処・自己の生命そのものに即して、対象的に可得であるものは何一つありません。仏教という宗教は仏という存在を自己に得ようとするようなものではなかったのです。ただ生きる、はたらいてはたらいてやまない、それのみだったのです。しかしそのはたらきは、生命の本質においておのずから根源的主体に根ざすものとなり、おのずから深い地平で他者にかかわっていくものとなることでしょう。しかもただ生きる、そのことが実現するとき、ただ死ぬ、そのことも成就するでしょう。

空ということを対象的に知的に理解して、そこに住しているのみだとすると、空ということが鎖となって、その人を縛りつけてしまうことになります。仏や真如や智慧などの言葉も、かえって鎖となってその人を縛りつけ、かえって煩悩を深めることにもなりかねません。これを金鎖といって、禅門では極力、離れようとしました。空ということは、了解すべきことでもありますが、それが解ったらむしろそれを生き抜くべきものです。真空妙有は未徹です。さらに真空妙用となってこそほんものです。『般若心経』は、無・無……と否定を重ねて空の核心を説いていますが、それは、根源的な主体そのものを実現させ、解放することが真のねらいであることでしょう。

『般若心経』は「無智亦無得」から、「以無所得故、菩提薩埵、依般若波羅蜜多故、心無罣礙、無罣礙故、無有恐怖、……」と続いていきます。そこに、実に根源的な主体を実現したものの境涯が語られていきます。次にはそのことを見ていきましょう。

第九章　究極の真実の世界

以《い》無《む》所得故《しよとくこ》、菩《ぼ》提薩埵《だいさった》、
依《え》般若波羅《はんにやはら》蜜多故《みったこ》、心無《しんむ》罣礙《けいげ》。
無《む》罣礙《けいげ》故《こ》、無《む》有恐怖《うくふ》、
遠離《おんり》［一切《いっさい》］顚倒夢《てんどうむ》想《そう》、究竟涅《くきようね》槃《はん》。

得ることは何も無いが故に、大乗仏教徒である菩薩は、般若波羅蜜多に拠《よ》ることにより、心に障りが無くなります。
心に障りが無くなるので、恐怖が無く、一切の、さかさまである虚妄な認識をはるかに離れて、涅槃に住することになるのです。

わだかまりのない境地

『般若心経』はこれまで、無い、無い、……と否定をくり返してきたわけで、最後は「無智亦無得」と言われていたのでした。これをうけて、ここにいよいよ結論的な部分に入ってくることになります。「心無罣礙」、このことこそ『般若心経』が導く究極的な世界といってもよいでしょう。罣はひっかかり、礙はさまたげ、この漢語の意味から言えば、心にとらわれ、ひっかかり、わだかまり、障害の一切がなくなって、晴れ晴れした境地が開けるということになります。

ただし、今回の箇所は、なかなかむずかしい表現も含んでいるのが実情です。

まず、「以無所得故」とあるのですが、この句を見ますと、ふつうはその前の文をうけて、そうである理由を後から明かしているものと受けとめられます。サンスクリットの文の構文では、そういうことが極くふつうのことなのです。ですから、『般若心経』では、あらゆるものに関して無い、無いと否定し、智もなく得もないと否定して、その理由を、なぜならば無所得であるからと説明した、と解されて当然ともいえるほどなのです。中村元・紀野一義訳註『般若心経・金剛般若経』岩波文庫でも、漢文の書き下し文においては、

「得る所無きを以ての故に。」と、句点が付されて、そこで一つの文が終わるように示されています。

しかし、この箇所、サンスクリットには、tasmād aprāptitvād～、とあり、すなわち「それゆえ、無得のゆえに～」と、ここから新しい文章が始まる形なのです。そこで今は、「以無所得故」をその後の文に続ける形にして読むことにしました。

この直前に、「無智亦無得」とありましたその「無得」の得も、今の「以無所得故」の所得も、ともにprāpti プラープティですから、同じものと考えてよいと思われます。しかし「無智亦無得」の「無得」とは、智の所縁（対象）が否定されたというのが一般的な解釈なのでした。これをうけて、特に智慧《ちえ》の所縁がないからという理由のみで、「心無罣礙」と続いていくとも思えません。要は智慧の対象だけでなく、一切のものが実体的存在ではありえず、主語として対象化されるべきものではありえず、その意味で対象的認識そのものが成立しないところを、「無所得を以ての故に」と言っていると思われます。逆に「無智亦無得」の「無得」も、単に智慧の対象がないというだけでなく、それまで否定されてきた一切をまとめて得ることがない、「無得」と言ったと解することも、決して不自然ではないでしょう。

そのように対象化された形で存在するものは一切ないということを明らかに洞察するのが、般若の智慧というものでしょう。一切無所得ということは、正に般若の智慧において了解されることです。ある意味で、何も知らないのが智であるという逆説が、ここにもあるわけです。俗にいう、知らぬが仏です。それはともかく、深般若波羅蜜多を行じると、一切の実体的存在のありえないことが洞察され、およそ対象的に把捉《はそく》しうるものは一切ないことが洞察されて、否定のただ中に究まることになります。すなわち、「不生不滅・不垢不浄・不増不減」の世界です。これは、『中論』の説く八不中道《はっぷちゅうどう》の世界そのもの、戯論《けろん》寂滅《じゃくめつ》の世界そのものに他なりません。この無得・無所得の境界は、否定の極致のようですが、対象化されたものが一切、心にないということは、主体が正に主体そのものとしてある世界のことであり、絶対の主体が実現している世界であり、もっとも肯定的な世界であることを見失うべきではありません。そのことがまた、「心無罣礙」そのものでしょう。ただし罣礙の意味についてはあとでもう少し検討してみます。

般若波羅蜜多に依るということ

この箇所の意旨は概略、以上のようでもう済んでしまうわけですが、「依般若波羅蜜多故」について、少し触れておきます。その前の菩薩《ぼさつ》、ボーディサットヴァは、大乗仏教の修行者ということで、これはよいでしょう。そして「依般若波羅蜜多故」とあるわけですが、ふつう「依……故」は「以……故」にも似て、等しく理由を表すと考えられます。そうすると、この一文に、「以無所得故」と「依般若波羅蜜多故」の二つの理由句がある、ややくどい文章となっているということになるわけです。「般若波羅蜜の修習の故に、無所得を覚れるが故に」ということで解せば、特段の問題もないわけですが、それにしてもこの一文はやや変則的な感じがあります。

この箇所、実はサンスクリットもやや難しい構文となっているのです。まず、原文には般若波羅蜜多が理由になるような形になっていません。前の岩波文庫の翻訳では、「それ故に、得るということがないから、諸の求道者の智慧の完成に安んじて、人は、心を覆われることなく住している」とあるのですが、そのように「依般若波羅蜜多故」は、サンスクリットでは「般若波羅蜜多に依拠して」という文になっているのです。大乗の修行者は、智慧波羅蜜多の修行に基づいて、対象的実体のありえないことを自覚するので、「心無罣礙」に住するということがサンスクリットの意味でしょう。漢訳も、その趣旨で読んでよいかと思われます。

なお、漢訳で菩提薩埵《ぼだいさった》つまり菩薩は、主語のようになっています。サンスクリットでは、岩波文庫の訳に「諸の求道者の」とあったように、複数の所有格（属格）になっていて、従来、それは般若波羅蜜多にかかると解されてきました。しかしここは実は、それを般若波羅蜜多にかけるよりも、「諸の菩薩らには所得がないので」というように読むべきところです。

心の二障を離れる

さて、ようやく「心無罣礙」にたどりつきましたが、漢語の罣礙の意味は、すでに初めに述べたようです。原語は、citta-āvaraṇa チッタ・アーヴァラナで、アーヴァラナは、覆うものという意味です。そこで岩波文庫は、チッタ・アーヴァラナを、「心を覆うもの」等と訳しているわけです。あるいはむしろ、「心における覆い」ということです。

もっともアーヴァラナは、仏教の術語の世界では、障礙《しょうげ》とか障と訳されるものです。煩悩障（クレーシャ・アーヴァラナ）・所知障（ジュニェイヤ・アーヴァラナ）の二障の障です。『般若心経』のこのアーヴァラナも、仏教の教理（アビダルマ等）に習熟している者には、おのずからその障のことだとうけとめられることでしょう。

参考までにもう一度二障について説明しますと、煩悩障というのは、我執に基づく煩悩《ぼんのう》のすべてをいいます。所知障というのは、法執《ほっしゅう》に基づく煩悩のすべてをいいます。たとえば、同じ貪《とん》の煩悩に関しても、自我を貪《むさぼ》る場合は、その貪は煩悩障ということになります。他のさまざまな煩悩に関しても、この二方面の区別がなされるのです。

煩悩障があると、涅槃《ねはん》を実現することができません。言い換えると、生死輪廻《しょうじりんね》から解脱《げだつ》することができません。我への執著《しゅうじゃく》があるわけですから、死んでも次の世にまたしても生まれてしまうわけです。したがって、涅槃へのさまたげになります。一方、所知障があると、菩提を実現することができません。所知は、知られるべき所ということで、真理・真実を意味します。法執があると、法すなわちありとあらゆる事象・存在の真実を了知することができないわけで、したがって菩提のさまたげになるわけです。

小乗仏教では、煩悩障は克服しえました。したがって涅槃に入ります。しかし我空法有の立場に立ち、一切法空ということは知りませんので、所知障を克服することはできず、菩提を実現することができません。そこで小乗仏教の徒は、寂静の世界のような、無為法と考えられている涅槃に入って、それでおしまい、それ以上、何の活動もないということになってしまいます。大乗仏教は、それが本当に人間の究極的な目標なのであろうかと、このことを問題にしたのでした。大乗仏教では、一切法の空をはっきりと洞察し、これを主張します。小乗仏教では、我（アートマン）の空のみを主張し、五蘊・十二処・十八界、あるいはさまざまなダルマ（五位七十五法等）を実在視したのに対し、大乗仏教はそれらのすべてを、事象としてのみあって、実体的存在ではありえない、空であると主張します。そこを、『般若心経』は、無色無受想行識、無眼耳鼻舌身意等々と示したのでした。

したがって大乗仏教では、煩悩障だけでなく所知障も断じられます。我執・法執の双方が克服され、二障がともに断じられます。そのことによって、菩提と涅槃の双方が実現することになるわけです。菩提は覚りの智慧のことで、世界の真理・真実を見抜くほか、苦しんでいる一切の他者にかかわり、その苦しみを融かし無くしていくはたらきを発揮します。説法の活動もその中の一つとなります。大智は即ち大悲でもあるわけです。このとき、涅槃は単なる静寂な世界のことではありえず、無住処涅槃という、生死輪廻のただ中に涅槃を見るような、そういう涅槃になります。

大乗仏教は、このように我執・法執の二執を断じ、煩悩障と所知障の二障を断じて、大菩提と大涅槃とを実現する道であるというのが、その根本的な特質となっているものです。たとえば『唯識三十頌』を世親《せしん》はなぜ造られたのか、その理由も、二障を断じて大菩薩と大涅槃とを実現させるためである、とされています。

そこで、心無罣礙も、心における二障がすっかりなくなったことと解することができるでしょう。特に一切法空を洞察する般若波羅蜜に依拠して、一切法の不可得を自覚することからなくなる障りは、煩悩障だけでない、所知障も含まれる、いや所知障こそが焦点となるということは、当然のことでしょう。

なおこの箇所、サンスクリットでは、人（菩薩）は「心における覆いがない（ア・チッタ・アーヴァラナ）」ものとして住する、となっています。つまり漢訳した時は、本来「無心罣礙」となるところ、心と罣礙とを離して、「心無罣礙」（心において罣礙無し）としています。私も、ここは事実上、心において二障がなくなったことでよいかと思います。無所得を自覚することによって、自己の心において、二執が解体されて、二障が断じられたところと解しうるからです。

ともあれ、心があらゆる障礙を脱するのは、般若の智慧に基づく無所得の明らかな了解によることです（以無所得故）。無所得は、過去心・現在心・未来心に共通であり、しかも結局のところ現在のただ中において自覚されるべきことです。その現在の地平は、もとより無所得の世界だったのです。そこに生命の真実があったのであり、そこを気づかせてくれるのが、般若波羅蜜多なのでした。

涅槃に究まるということ

さて、心における覆い、とらわれ・ひっかかり、わだかまりがなくなると、あるいは煩悩障・所知障の一切がなくなると、まず、恐怖が無くなるとあります。恐怖というものは、仏教のアビダルマの中に直接出てくるとは思えませんが、そもそも種々の煩悩があると不安住になったり、ひいては怖れの心にもなることは説かれているように思います。煩悩（二障）があると恐怖が出てくるわけで、心に罣礙がなければ、恐怖もなくなるのはおのずからのことでしょう。

次に、一切の顚倒《てんどう》夢想を遠く（はるかに）離れるとあります。この中、一切のという語は、サンスクリットにはありませんが、あっても支障なく、むしろ読誦《どくじゅ》するにはリズム上、適切でさえあります。夢想は現実を現実のままに認識しえない心の状態、真実を真実のままに見ることができない知のあり方を言うものです。それは、無いものを有ると見る顚倒した知のあり方になっているからです。サンスクリットには、夢想の語もなく、顚倒に相当する語のみがあります。

顚倒した見解には、種々の地平のものがあります。ふつう凡夫は、本来、無常の存在を常住と見ています。ここに一つの顚倒があります。では、無常と見るのは正しい見方なのでしょうか。無常は常と対立する見方であり、真実そのものはそのような二元対立の中での把握を離れているものです。実際問題として、無常であるという認識は、自分を固定しておいて、そして対象が流れていくと見ている立場です。しかしその自分も流れていくその立場に立てば、世界の流れと自己とが一如となって、世界が流れていくとは見ることができず、無常であるという認識も超えられざるをえないということになってきます。そのように、主体そのものに立つ立場によると、無常であるという知、見解も顚倒になってしまいます。

このことは、常—無常の間だけのことではありません。楽・我・浄についても同様であり、一切の二元対立的概念の中でも同様であるでしょう。一切は無所得であるという自覚の中では、我・法双方にわたって執著すべき何ものもなく、そこで上述のようなあらゆる地平の顚倒妄想、あらゆる種類の顚倒妄想が断滅されてしまいます。そこが「遠離一切顚倒夢想」でしょう。遠離の遠は、極度にということですが、むしろ絶対的にという意を示しています。また、顚倒にはさまざまな地平・種類があることから、「一切」の語が付されることにも少なくない意味があると思われます。

こうして、「究竟涅槃」と結論づけられるのでした。この漢文の意味は、涅槃に究まったということだと思われます。前にふれた岩波文庫の漢訳書き下し文では、「涅槃を究竟す」と読んでおり、一方、梵《ぼん》文和訳の方では、「永遠の平安に入っているのである」と訳しています。サンスクリットは、「ニシュタ・ニルヴァーナハ」（niṣṭhanirvāṇaḥ）で、ニシュタは、そこにある、住しているといった意味です。

ただしこの涅槃は、生死輪廻の世界、有《う》為《い》法《ほう》の世界、この現象世界と別にあるものではありえません。別にあると見ると、それでは小乗仏教と同じことになってしまいます。一切の不可得・無所得は、まさに「即今・此処」において自覚されるべきことであり、そこにこそ涅槃があることを見失ってはなりません。「今・ここ」において、あらゆる対象的執著を離れ、さかさまの見方を離れて、主体そのものとして円《まど》かに実現するところ、そここそが涅槃にある世界です。涅槃は生死輪廻と別にあるのではなく、生死輪廻のただ中にあったのです。

こうして見てきますと、『般若心経』は龍樹《りゅうじゅ》の『中論』と同じことを語っていると思わずにはいられません。『中論』はあらゆる文章、命題の分析を遂行していますが、そこであらゆる命題に矛盾が内在されており、解体されざるをえないことを逐一証明しています。つまり、主語を立てて述語したとき、その命題（文章）は事実そのものと乖離《かいり》してしまい、事実・真実の前には成立しなくなってしまうというのです。こうして、戯論寂滅の境界に究まるわけで、そこを八不（不生・不滅、不常・不断、不一・不異、不来・不出）として示し、あるいは涅槃と語ります。第二五章は「涅槃の考究」の章ですが、その第三偈《げ》には、「捨てられることなく、得られることもなく、不断・不常・不滅・不生である。これが涅槃であると言われる」とあります。その最後の偈（第二四偈）にも、「一切の所得が滅し、戯論が滅して、寂静である。どんな教えも、どこにおいても、誰に対しても仏は説かれなかった」とあり、戯論寂滅、言い換えればあらゆる対象的認識（所得）が滅した世界を、涅槃と呼んでいることが解ります。

さらにこの第二五章に、また、次の偈もあるのです。第一九・二〇偈です。「輪廻は涅槃とまったく区別なく、涅槃は輪廻とまったく区別ない。涅槃の究極は輪廻の究極である。二つの間に少しの区別もない。」

要は、生死即涅槃であり、涅槃即生死であるというのです。すなわち、『中論』は戯論寂滅の世界はそのまま現実の世界であると言っているわけで、このことは『般若心経』でもまったく同じだと思います。「究竟涅槃」とあることから、般若波羅蜜多の修行の究極には、寂静・不動の涅槃の世界に入るのだ、などと誤解してはいけません。般若波羅蜜多の修行の究極は、対象的所得にいっさい関わらない、それでいて十全にはたらききっている、最も積極的な主体の実現にあるのであり、そのことが涅槃と称されていることを理解すべきです。それはすなわち無住処涅槃のことです。こうして、般若波羅蜜多によるがゆえに、元気一杯の活動が開けてくるのでした。

ともあれ、今回の箇所に至って、『般若心経』はその最も結論的な部分、頂点に到達したと言えるでしょう。

否定の羅列から真理へ

さて翻って、『般若心経』の、無色無受想行識以来の、以上の否定の羅列には、何か脈絡があったのでしょうか。今、そのことについて、一つの参考を提供しておきたいと思います。

唯識の代表的な文献である『瑜伽師地論』には、二諦説と関係する「四俗一真」の説が説かれています。二諦説というのは、真理（諦《たい》）に、世俗の真理と勝義の真理とがあるというものですが、概して、世俗諦は言葉によって説明された真理、勝義諦は言葉を超えた真理そのものと考えられます。

しかし、真理にもいろいろな地平の真理があります。そこで、世俗諦の世界をすこし分析して見せたのが、その「四俗一真」の説です。つまり世俗諦に四つを立て、勝義諦は究極の真理として一つ立てるものです。

その内容はというと、まず四俗とは、世間世俗諦・道理世俗諦・証得世俗諦・勝義世俗諦というものです。もちろん、これらは階層をなし、次第に深まっていることでしょう。

この中、世間世俗諦は、我々の普通の言語世界そのものです。言語と存在とが一応、対応していて、その限り何らかの客観性が保持されている世界です。机は机であるし、椅子は椅子である、黒板は黒板、白墨は白墨、そのように何らかの一義的な秩序がそこに成り立っているわけです。

道理世俗諦は、そういう事物の世界を学問的に反省して、より根底にあるものを取りだしたものです。自然科学的に言えば、分子や原子レベルで世界を見ていく場合の真理と言うことですが、仏教で言うと、五蘊・十二処・十八界（三科）がこれにあたると言われます。どんなに世界が変化しても、自らの特質を維持し続けるという法《ダルマ》なども、この地平の真理でしょう。

証得世俗諦は、苦・集・滅・道の四諦の因果を言うとあります。道理世俗諦では、客観的世界を構成するより深い存在が語られていましたが、ここでは、行為の世界における因果関係、主体的世界における因果関係が示されていて、そこに見られる真理の方が、単なる客観的真理の世界より深い世界であると考えられています。と同時に、究極的には涅槃（滅諦）に帰するという、その滅諦が示されていることが、一般的な存在の真理より深いものということになるのでしょう。

勝義世俗諦は、真如《しんにょ》・法性《ほっしょう》のことです。つまり、覚《さと》りの智慧によって証された真理を言葉で表したものです。それは前の滅諦とも同じもの（ただし大乗仏教的に）であるでしょう。

このように、『瑜伽師地論』は四つの世俗諦を分けて示しています。これをあえていえば、世間的真理・科学的真理・実存的真理（哲学的真理）・根源的真理（宗教的真理）と言えるでしょう。真理にも階層性があるのであり、次第に深く深く、深まっていくのです。これらに対し、勝義諦は一つのみです。それは、非安立一真法界と言われています。非安立というのは、言葉での説明を超えたということです。つまり真如・法性そのもののことです。究極の真理は、言語・分別を超えているのでした。『大乗起信論』の言葉でいうと、勝義世俗諦が依言《えごん》真如だとすれば、勝義勝義諦は離言真如ということになります。なお、のちに法相宗《ほっそう》の慈恩大師《じおんだいし》窺基《きき》は、この四俗一真の説に基づいて、四俗四真の説を説いています。

さて、この説から見ると、『般若心経』の否定の羅列は、それなりの脈絡を持っているかのように見えてきます。『般若心経』が世間そのものを否定することはいうまでもないでしょう。観自在菩薩が、まず五蘊は有ると見たところに、世間世俗諦の否定がありました。道理世俗諦は五蘊・十二処・十八界でしたが、『般若心経』ではまずこれが否定されます。証得世俗諦は四諦のことでした。十二縁起もこれに含めてよいでしょう。十二縁起の順観・逆観が四諦のことにもほかならないからです。これらが次に否定されます。ついで、勝義世俗諦は覚りの智慧によってとらえられた真如のことでしたが、無智亦無得は正にその辺を示しているでしょう。そして、究竟涅槃は、勝義諦そのものを示していると考えられます。以上を、もう一度整理して示しますと、次のようです。

無色無受想行識、無眼耳鼻舌身意、無色声香味触法、無眼界乃至無意識界＝道理世俗諦の否定
無無明亦無無明尽、乃至無老死亦無老死尽、無苦集滅道＝証得世俗諦の否定
無智亦無得＝勝義世俗諦の否定
以無所得故、菩提薩埵、依般若波羅蜜多故、心無罣礙。無罣礙故、無有恐怖、遠離一切顚倒夢想、究竟涅槃＝勝義諦

こうして、学問的真理を否定し、主体的真理を否定し、言挙げされた宗教的真理も否定して、最終的にその宗教的真理そのものに帰入せしめる、そういう脈絡を見ることができます。逆にいえば、この順序での否定の羅列のなかで、真理が次第に深まっていく、ということを見ることができるのです。仏教の見る真理の階層性をふまえて、それらを順次否定し、その中でより深い真理へと移っている、そう見ることができるわけです。このような『般若心経』の読み方も、一つ参考になることでしょう。

第十章　よく一切の苦を除く

三世《さんぜ》諸仏《しょぶつ》、依《え》般若波羅蜜多故《はんにゃはらみったこ》、
得阿耨多羅三藐三菩提《とくあのくたらさんみゃくさんぼだい》。
故知《こち》般若波羅蜜多《はんにゃはらみった》、是《ぜ》大神呪《だいじんしゅ》、
是《ぜ》大明呪《だいみょうしゅ》、是《ぜ》無上呪《むじょうしゅ》、是《ぜ》無等等呪《むとうどうしゅ》。
能除一切苦《のうじょいっさいく》、真実《しんじつ》、不虚故《ふここ》。
説般若波羅蜜多呪《せつはんにゃはらみったしゅ》、即説呪曰《そくせつしゅわつ》、
掲帝《ぎゃてい》、掲帝《ぎゃてい》、般羅掲帝《はらぎゃてい》、
般羅僧掲帝《はらそうぎゃてい》、菩提《ぼじ》、僧莎訶《そわか》。

過去世・未来世・現在世の三世の諸々《もろもろ》の仏たちは、この般若波羅蜜多に拠って、阿耨多羅三藐三菩提すなわちこの上ない正しい覚《さと》り（無上正等覚）を現証するのです。

ですから、この般若波羅蜜多（を説く『般若経』こそ）が、偉大なすばらしい真言なのであり、偉大なる覚りの智慧の真言なのであり、この上ない真言なのであり、比べるべきものまったくない優れた真言なのであり、それは人間の一切の苦しみを除くことが出来るものなのです。それこそ真実のことにして、なぜなら、虚《むな》しからざるものだからにほかなりません。

最後に、その般若波羅蜜多を讃《たた》える真言を授けましょう。それは次のようです。

ガテー、ガテー、パーラガテー、パーラサンガテー、ボーディ、スヴァーハ

この上なく正しい覚り

すでに、「以無所得故、菩提薩埵、依般若波羅蜜多故、心無罣礙。無罣礙故、無有恐怖、遠離一切顚倒夢想、究竟涅槃」とあるところを読みました。「究竟涅槃」するに至ったのですから、もう『般若心経』の主張は最高頂に達しおわったといえます。あとは、菩薩《ぼさつ》が、究竟涅槃するに至る依《よ》り所となった、「般若波羅蜜多」を讃《たた》えるのみです。そこで、菩薩だけでない、まさに諸々《もろもろ》の仏こそが、この般若波羅蜜多に依ってその仏そのものを実現したのだと言うわけです。

三世というのは、過去世、未来世、現在世のこと、したがって三世の諸仏とは一切の時間における仏のことです。とはいえ、たとえば過去の仏というのは、過去、仏として存在していたけれども今は存在しない者のことではなく、過去に仏となって、現在も仏として存在する者のことです。大乗仏教では、一人一人の生命は、無始より無終につづくのであり、成道《じょうどう》を果たした仏は、以後、永遠に人々を救済する活動をつづけて止まないと考えられているのです。未来仏も、未来の時に無から突如、仏として出現する仏というのではなく、現在はまだ菩薩として修行していて、将来、仏となる者のことです。このように見てきますと、現在仏とは、現在、仏である者ではなく、現在、仏となる者のことになるでしょう。

というわけで、三世の諸仏とは、結局、現在において存在する、過去に仏と成った者、未来に仏と成るであろう者、現在、仏と成りつつある者のことになります。大乗仏教では、過去や未来は存在しないと見ています。有るのは現在のみなのです。ですから、三世の諸仏も現在に存在している三世の諸仏ということなのです。一方、空間的には、十方（東西南北四維〔南東・南西・北東・北西〕上・下）に異なる仏が存在していると考えます。大乗仏教は、三世・十方多仏説です。

ともあれ、三世の諸仏とは、一切の仏ということですが、仏というのはしばしば申しましたように、目覚めた人、悟った人のこと、換言すれば、智慧《ちえ》を成就した人のことでした。唯識《ゆいしき》の教説によれば、その智慧は、大円鏡智・平等性智・妙観察智・成所作智《じょうしょさち》の四智（二四六〜二四九頁参照）であり、それらを、無終に相続されていくと考えられています。その仏の智慧を、『般若心経』はここで「阿耨多羅三藐三菩提」として示し、それは般若波羅蜜多に依ってこそ得られるのだと主張するのでした。

阿耨多羅三藐三菩提とは、アヌッタラ・サムヤク・サンボーディの音写で、アヌッタラとは、より上のものはないという意味、無上のということです。サムヤクは、正しいという意味です。サンボーディは、要するに覚《さと》りのことです。ですから、阿耨多羅三藐三菩提は「この上なく正しい覚り」のことで、無上正等覚《むじょうしょうとうがく》というように訳されたりします。仏の覚りは、しばしば見られる浅い種々の覚りではない、無上正等覚にほかならない、というのが大乗仏教の根本的な主張です。

そのことをよく示しているのが、『法華経』の「序品」の一節です。そこでは、声聞《しょうもん》のための教えは四諦、縁覚《えんがく》のための教えは十二縁起と言っています。逆に言えば、大乗仏教の代表的教典である『法華経』は、四諦や十二縁起の法門を、釈尊の悟りの究極的な世界に直結したものとは見ていないということです。では、『法華経』は、釈尊の悟りの究極をどのように見ていたのでしょうか。そこには、声聞や縁覚と異なり、菩薩に対しては、六波羅蜜《はらみつ》を説いて阿耨多羅三藐三菩提を得させ、一切種智を成就させるのだ、とあります。六波羅蜜は、般若波羅蜜多に極まることでしょう。結局、般若波羅蜜多の修行の中で阿耨多羅三藐三菩提を実現していくのが菩薩―仏の道、もっとも優れた大乗の道だと見ているわけです。

ですから、やはり同じ大乗仏教経典として、『般若経』と『法華経』とは通底している。まったく同じ基盤においてあると言えるでしょう。

問題は、ではその阿耨多羅三藐三菩提とは何か、です。それを、大乗仏教のアビダルマとも言うべき唯識では、前にふれた四智として示したのであり、また別の観点から言えば根本無分別智と後得（分別）智として示すのでした。かの『法華経』にいう一切種智《いっさいしゅち》は、後得智の世界と思われますが、その前提としては根本無分別智があるわけです。阿耨多羅三藐三菩提は、その全体とも考えられ、とりわけ根本無分別智が核心となるものと考えられます。それは、四諦や十二縁起の自覚とは異なり、むしろそれらの法門の自覚をもたらしてくれる根源的な覚りというべきものでしょう。

唯識では、その根本無分別智は真如を証すると言われており、それを体証する仕方は、対象的にでなく、いわば直覚的にだと究明されています。

その無上正等覚をもたらしてくれるのが、般若波羅蜜多であるというのが、『般若経』、『般若心経』のもっとも声を大にして言いたいことでしょう。それは、大乗仏教で強調される六波羅蜜の中の智慧の修行です。波羅蜜とは、パーラミターの音写（波羅蜜多）で、こればかりは意訳がむずかしいというので音写で通用していますが、あえて意訳すれば、到彼岸と訳されるのでした。その意味をパーラミターに尋ねた場合、（すでに）彼岸に行ける状態のことであり、したがって私は、般若波羅蜜多とは修証一等の智慧の修行のことだと思っています。

一方、最近よくこの波羅蜜多は「完成」と訳されるのですが、それは元来、勝《すぐ》れたものであるという意なのであり、他の修行（外道の修行や小乗の修行）とは異なる、勝れた修行であるということを意味しているのだと思われます。（以上、四〇～四八頁参照）

そういう、これまでの智慧の修行とは異なる勝れた智慧の修行であるが故に平凡な悟りではない、無上正等覚、阿耨多羅三藐三菩提がそれによって実現するのでしょう。逆に大乗仏教の徳目としての般若波羅蜜多は、阿耨多羅三藐三菩提を実現するような特質を有する智慧の修行でなければならず、それまでの智慧の修行をさらに超えるものでなければならないでしょう。

では、そういうような般若波羅蜜多は、具体的に、どのような修行なのでしょうか。残念ながら具体的な修行方法についての説明はここにありません。それは、修行者の共同体（サンガ・僧宝）に入団して、先輩の修行者から実地に指導をうけるしかないのでしょう。仏教のいくつかの経論には、止観（禅定《ぜんじょう》と智慧）の方法が示されていないわけではありません。唯識の文献には、唯識観の方法が記されていたりします。それでも詳しくは、先輩の指導をうけるしかないのでしょう。禅の場合は、定慧《じょうえ》一等の禅が、伝統の中に伝えられており、そこに具体的な般若波羅蜜多の修行があるのだと思われます。また密教では、真言を唱えることを含む、三密加持の修行があります。

『般若心経』には、般若波羅蜜多の修行の方法については何ら記されていませんが、しかしその修行の中に現成《げんじょう》する境地については、ある程度、知られます。何といっても、「無智亦無得」とあり、「以無所得故、……」とあった、その無所得ということは、般若波羅蜜多の智慧の核心的な部分を伝えています。無所得ということは、対象的にかかわるものがない、対象的知ではないということです。そこを示すのが、「不生不滅・不垢不浄・不増不滅」でしょう。これらに、般若の智慧の独特なあり方がよく示されていると思います。

ともあれ、仏となるには、般若波羅蜜多の修行によるしかないのです。大乗仏教という宗教では、どんな人でも修行して仏になっていくのですが、そのためには、この般若波羅蜜多の修行以外にないのだ、というのです。ここに『般若経』の主張の核心があるのでした。

般若波羅蜜多とは何か

ところで、上述の説明で、特段の破綻《はたん》も矛盾もないと思うのですが、『般若心経』ではこのあと、「故知、般若波羅蜜多、是大神咒……」とつづいていきます。サンスクリットでは、「それ故、般若波羅蜜多の大いなる真言は、……」とも読めますが、「それ故、般若波羅蜜多は大いなる真言であり、……」とも読めます。漢訳に、「是大神咒」と、是という繋辞《けいじ》が用いられているのを見ても、そのように読むのがよいのだと思われるのですが、その場合、般若波羅蜜多が真言（マントラ）であるというのは、一体、どういうことでしょうか。主語が智慧の修行だとして、述語が真言では、ふつうはその間に整合的でないものを感じてしまうと思われます。般若波羅蜜多を修行することは、真言を念誦《ねんじゅ》することだ、という主張なら意味はわかります。密教は、そのように主張するでしょう。しかし、「是大神咒」という言い方は、ちょっとそれとも違う気がします。

ところが、般若波羅蜜多、プラジュニャーパーラミターは、『般若経』の名前でもあります。『八千頌般若経』は、「アシュタサーハスリカー　プラジュニャーパーラミター」です。ですから少くとも「是大神咒」とつづく「般若波羅蜜多」は、『般若経』のことだと受けとめることもでき、このとき『般若経』は大いなる真言であるという文となって、それは解釈可能な整合性をもつことになります。実際、『八千頌般若経』第三章には、唱えたり宣布したりすべきこの般若波羅蜜多、すなわちこの『般若経』が、偉大なる明呪であり、無量なる明呪である等と明記されています。

としますと、ひるがえって、「三世諸仏、依般若波羅蜜多故、得阿耨多羅三藐三菩提」に出てくる「般若波羅蜜多」は、六波羅蜜の中の修行のことなのでしょうか。あるいは『般若経』のことではないのでしょうか。『般若経』ととっても、まったく問題ない気がします。

おそらく、今の文のこの語にとって、修行か経典かということは択一的なものなのではなく、矛盾するものではないのでしょう。なぜなら、『般若経』は、般若波羅蜜多こそが重要・不可欠であり、般若波羅蜜多に拠《よ》るべきだ、ということを説いているからです。したがって、『般若経』に拠るということは、般若波羅蜜多に拠るということに帰することになるわけです。ですから、「依般若波羅蜜多故」の「般若波羅蜜多」を、修行の徳目とうけとめても、経典のこととうけとめてもよいわけで、その一つの語が二重の意味を響かせているのでしょう。おそらく『般若心経』は、「般若波羅蜜多」の語において『般若経』

という意味を排除するものでなく、むしろ積極的に『般若経』の宣伝をしているのだと思われます。

その宣伝文句の「うり」が、大乗仏教の核心である阿耨多羅三藐三菩提を得られるぞということだったわけですが、しかし一方、『般若心経』自身が、「無智亦無得」と言っていたのですから、得られるといっても得られるものは何一つないという境地が得られるわけです。「得阿耨多羅三藐三菩提」は無得の得、不可得の得であることをあらかじめ了解しておかなければ、きっとあとでだまされたと言い出すことになるでしょう。まことに『般若心経』は逆説に満ちています。

一切の苦しみを除く教え

今も言いますように、偉大な真言である等の述語に対する主語としての般若波羅蜜多は、もはや修行の徳目というより、その修行を強調する『般若経』そのものとうけとめた方がつながりがよいと思います。同じ一つの言葉、語が、多重の意味を有していて、コンテクストの中でその多重な意味の中のいずれかが前面に出てくる。そのような形で言葉が使われているのだと思うのです。他の経典ではない、正に『般若経』こそが真言なのだ、というのです。

一体、真言とは何でしょうか。それは、深く豊かな真理を盛った短い言葉といった意味もあるかもしれませんが（特に陀羅尼《だらに》はその意味）、一般には、それを唱えることによって災厄から免かれることができ、幸福をもたらしてくれるもの、と了解されていることでしょう。今の箇所の経典にも、「能除一切苦」とありました。つまり、一切の苦しみをよく除くことができるものである。それだから、咒である、真言であると、経典自ら告白しているわけです。

ここには、次のような主張がこめられていると考えられます。人は、諸々の苦しみから逃れようとして、いろいろな真言（マントラ）を唱えたりします。たとえば災を逃れることができる、幸運を獲得することができる、延命を実現することができる……等々の謳《うた》い文句によって、さまざまな真言にとびついたりします。しかし、あなたは、それらで本当に幸せになりえたのですか。本当に自己の問題の根本的な解決がえられましたか。そのような真言では、きっと根本的な問題の解決はえられないでしょう。しかし『般若経』の教えは、自己と世界の真理を明かし、生命の根本を明かし、無上正等覚を実現するのであって、そのことによって根本的に一切の苦しみを除くのです。生死の苦しみ、実存の苦しみの根本を解決して、一切の苦しみを除くのです。その苦しみを除くということは、真実です。なぜ真実かというと、実に邪なるもの、虚仮《こけ》なるものではないからです。だから、本当に苦しみを除いてくれる、その意味で本当の真言は、『般若経』なのです。他の、目的の浅い呪文《じゅもん》によるべきではありません。

おそらく、この主張を訴えているのが、「故知、般若波羅蜜多、是大神咒、……能除一切苦、真実、不虚故」の句でしょう。ここでもっとも言いたいことは、『般若経』はよく一切の苦しみを除くものだということであって、『般若経』もしくは『般若心経』が短い文句のような、マントラの形式の言語にほかならないということを言おうとしているのではないでしょう。五蘊・十二処・十八界等々の実体的存在を否定していく上来の教えの内容を見ても、『般若心経』の教えの重要な点は、『般若経』の教えそのものであります。言いたいことは、『般若経』はあくまでも真実の意味で除苦を達成するものである、ということです。それはもちろん、般若波羅蜜多の修行、阿耨多羅三藐三菩提の実現を通してのことです。

この、「能除一切苦」のはたらきの無上のすばらしさを表現しようとして、「是大神咒、是大明咒、是無上咒、是無等等咒」と言っています。ここを、岩波《いわなみ》文庫では、「大いなる真言、大いなるさとりの真言、無上の真言、無比の真言」と訳しています。原語は順に、「マハーマントラ、マハーヴィドヤーマントラ、アヌッタラマントラ、アサマサママントラ」です。ともかく、般若波羅蜜多を説く『般若経』が最上・至高の除苦の道具（道の具）であることを、最大限、強調して述べているわけです。

ここで、『般若経』は真言であると言ってしまった以上、その『般若経』を真言の形で示さないと、相手も納得できないでしょう。そこで最後に、『般若経』の教えの核心をきわめて簡単な真言として結晶させて示します。

真言（マントラ）の意味

前の「不虚故」の「故」は原文からすれば、あくまでも不虚につくもので、ここは「説般若波羅蜜多咒」とならざるをえません。「故説……」とはならないのです。とすると、何だかなめらかな文のつながりを欠くようにも思えます。サンスクリットによると、「般若波羅蜜多について説かれた真言（マントラ）とは、すなわち、……」とあります。この般若波羅蜜多も、私は、もはや『般若経』のことではないかと考えます。この箇所、「般若波羅蜜多＝『般若経』にふさわしい真言とは、すなわち……」というかたちもありえ、本来はこのようだったのかもしれません。『般若経』自体は、真言ではありません。八千頌とか、二万五千頌とかいう長さ（三十二音節×八千、三十二音節×二万五千の長さ）の『般若経』は、マントラとは言い難いでしょう。『般若心経』は短いものですから、それ自体、真言と見てもよいのかもしれませんが、ここでは、般若波羅蜜多について説かれた真言とは、すなわち以下のようであるとあり、やはり、掲帝、掲帝以下が真言の本体でしょう。その前の般若波羅蜜多は咒であるというのは、さきほども言ったように、能除一切苦のものであることを主張することに力点があったと思われます。ですから、ここで般若波羅蜜多についての咒が説かれるということは、そうした『般若経』を一つの咒（マントラ・真言）にまとめて示すと、ということだと思うのです。そのことから、本来はこの短いマントラさえ唱えていればよいのかもしれません。ただ、『般若心経』の全体は密教的より大乗仏教の経典だとすれば、つまり真言を主目的とせず、それはむしろ方便で仮に設けたと解すれば、その真言は、ともかく『般若経』および般若波羅蜜多をどこまでも讃歎《さんだん》したものとうけとめればよいでしょう。それまで、般若の智慧がいかに深い真実を覚《さと》るかが説かれ、その般若波羅蜜多を説く『般若経』はそれほどにすばらしいものなので、これを真言の形にして授与しよう、それは真実すばらしいものなのだ、というわけです。

では、その真言は、どういうものでしょうか。もうよく御存知の「ギャーテー・ギャーテー、ハーラーギャーテー、ハラソウギャーテー、ボーディー、ソワカ」というものです。このような真言はただ唱えればよいもので、あまり意味を詮索《せんさく》する必要はないことと思います。また、その意味を確定することもむずかしいことです。

そうはいっても、一応、意味をとっておきたいのも人情です。そこで、中村元・紀野一義訳註『般若心経・金剛般若経』岩波文庫の解釈を紹介しておきましょう。

まず、この真言をサンスクリットの発音にある程度、忠実に表記しますと、

ガテー　ガテー　パーラガテー　パーラサンガテー　ボーディ　スヴァーハー

となります。その中、ガテー(gate)は、ガター(gatā)の呼格(呼びかけの格)であるといいます。ガターは、行くの過去分詞の女性形単数で、そこで「往ける者よ」ということになるといいます。あるいは、女性形であるのはなぜかという疑問が生じるかもしれませんが、同書では、「完全な智慧(prajñāpāramitā)を女性的原理とみなして呼びかけたのであろうと解せられる」と言っています。さらに「ともかくいずれにしても(pāramitā)(到彼岸)という語の通俗的語源解釈にしたがっているのである」とも言っています。ということは、パーラガター、パーラサンガターは、パーラミターの言い換えにもほかならないということになります。ガターは、その核心を端的に言ったものでしょう。だとすると、「往ける者よ」というよりは、到彼岸を意味する般若の智慧よ、と呼びかけ、あるいは祝福しているのが本来なのでしょう。すでに完成している智慧のはたらきよ、彼岸に到れるものとしての般若よ、と、賞《ほ》め讃《たた》えているというわけです。

また、ここのボーディも、呼格として解されます。したがって「さとりよ」という訳になります。

最後の「スヴァーハー」については、同書に、「願いの成就を祈って、咒の最後に唱える秘語である。白石教授は「弥栄《いやさか》」と訳しておられる」と説明されています。

というわけで、ともかく前掲書の訳としては、

往ける者よ、往ける者よ、彼岸に全く往ける者よ、さとりよ、
幸あれ

とされるのです。なお、ガテー等を於格《おかく》（場所等を表わす格）ととり、ボーディは主格であるととって、

往けるときに、往けるときに、彼岸に往けるときに、彼岸に完全に往けるときに、
さとりあり、スヴァーハー

という訳も示しておられます。

ともあれ、この真言は、般若波羅蜜多を、阿耨多羅三藐三菩提を祝福したものと考えられ、般若波羅蜜多の実践（修行）の中に悟りの智慧も実現しており、またその修行を通じてこそ真に無上正等覚が実現するということを簡潔に述べたものと私には思われるのです。重要なことは、あくまでも無上正等覚を実現していくことです。それなしに、「能除一切苦」はありません。そういう、仏教本来の主張が『般若心経』には堂々と述べられているのであり、そこを見過ごすことはできません。その実現は、信解《しんげ》から始まります。教説の深い理解から始まるのです。『般若心経』には、そのことこそを読むべきなのです。

終　章　「般若心経」の思想

以上、『般若心経』の内容について、詳しく解説してきました。ここで本書を結ぶにあたり、もう一度、全体を簡潔に整理し、『般若心経』は一体、何を言おうとしていたのかまとめてみたいと思います。

『般若心経』が説くところを文を追って解釈するとき、それはこれまで述べてきたとおりです。ここではちょっと趣向を変えて、文の順序とは関係なく、全体として何を言いたいのか、どういうことを説こうとしているのか、という視点からまとめてみたいと思います。

まず、もっとも強調されていることは、般若波羅蜜多の行のことです。それは言うまでもなく、『般若経』が説くことの核心にあるものです。その般若波羅蜜多の修習によってこそ、大乗仏教徒＝菩薩《ぼさつ》は阿耨多羅三藐三菩提＝無上正等覚《むじょうしょうとうがく》を実現し、その菩薩は仏＝覚者となります。ですから、賞讃されるべきは、ひとえに般若波羅蜜多であります。

この短い経典の最後に、般若波羅蜜多咒というものが示されますが、そのガテー、ガテー、等の言葉は、意味上、やはり般若波羅蜜多よ、般若波羅蜜多よ、とこれを賞讃・讃歎《さんだん》しているものです。

では、般若波羅蜜多、智慧《ちえ》の修行を行じると、どのような世界が開けるのでしょうか。

その中心は、空という言葉で説明される世界です。観自在菩薩も、この甚深なる般若波羅蜜多を行じているとき、自己、そして自己を構成している物質的・精神的なすべての要素、ひいては世界そのものを空と照見したのでした。

空とは、ある事物に、そのものとしての自体、その本体はないということです。現象のかぎりあるのみで、そこに実体（不変の本体）はないということです。

ですから、空ということは、現象のかぎりとしての世界のただ中にあるのであり、そのただ中を離れて空ということだけがどこかにあるわけではありません。あくまでも私たちの生きている世界に即してあるものです。したがって、色不異空・空不異色、色即是空・空即是色と言われます。この場合の色は、個体ないし世界を五つの要素で見る五蘊の説の初の色蘊のことであり、結局、五蘊のすべては即空、空は即五蘊のすべてということを意味しています。世界即空、空即世界ということです。こうして、そのあと、五蘊も十二処も十八界も、すべて空のあり方にあるのであり、そこに実体的存在としての世界の構成要素は一切、存在しないと言われるわけです。

このように、世界の構成要素についても、実体的存在は何一つない、すべては空であると説くことは、小乗仏教の立場を否定して、大乗仏教の独自性、優越性を示そうとしたものという意味があります。一般に小乗仏教では、常・一・主・宰の自我（アートマン）を否定しましたが、それを構成している物質的・精神的な諸要素（法《ダルマ》）は存在するという立場に立ちました。一言でいえば、我空法有《がくうほうう》という立場です。大乗仏教は、我《アートマン》だけでなく、法《ダルマ》をも否定します。我法倶空《がほうくくう》の立場であり、一切法を空と見るのです。ですから、五蘊・十二処・十八界を実体的存在としては否定します。それはより深い真実であるだけでなく、それでこそ、我にも法にもとらわれず、ひきずりまわされない、真に自由な主体が実現します。一切法空は、その意味でもっともポジティヴな思想となるのです。

さらに、十二縁起や四諦《したい》の各項目も無いと否定されます。ここにも、それらを構成しているダルマの実体的存在の否定という意味があるでしょう。しかしここではもはや、主体的な行為の世界における因果関係そのものが、究極の真理の前では成立しないということも含まれると思われます。それは、本来、主体的な世界、すなわち主体そのものを対象化して記述しても、それは主体そのものではないという意味を含むことになります。一切法空というすべての実体的存在の否定は、対象化された世界に真実はないということでもあり、対象化する以前に生きている本来の主体、本来の生命に真実はあるということなのです。

ですから、覚《さと》りの智慧の世界では、ただその智慧にはたらくのみ、ただその智慧に生きるのみで、これが智だといってとり出せるものはありません。とり出したらもうそれは死んだものとなっています。こうして最終的に無智亦無得と結論づけられます。しかしこのことは、覚りの智慧などないということではなく、智として対象化されないところに真の智があるということを意味しているのです。

だからこそ、般若波羅蜜多によって、阿耨多羅三藐三菩提＝無上正等覚を覚すとさえ言われているわけです。

その覚りのただ中では、あらゆる対象化を超えていますから、そこに無所得ということが実現しています。そこを別の形で表現するのが、不生不滅・不垢不浄・不増不減です。一切の二元対立の分別を超えたところ、したがって一切の対象的認識を超えたところです。この表現はただちに、『中論』の帰敬頌に見られる八不中道《はっぷちゅうどう》の説、「不生亦不滅、不常亦不断、不一亦不異。不来亦不出」を想起させるでしょう。その戯論寂滅《けろんじゃくめつ》の世界こそ、勝義諦、つまり言葉（分別）を超えた究極の真理であり、『中論』はそこを涅槃《ねはん》とも言っています。そこに、無智亦無得の無上正等覚があるのです。

ここを実現すれば、あらゆる不安は克服され、心に障礙《しょうげ》となるものがすっかりなくなっていきます。そこであらゆる迷いを離れて、真の安らぎ、涅槃に住することになるのです。「以無所得故……心無罣礙。無罣礙故、無有恐怖、遠離一切顛倒夢想、究竟涅槃」、ここで『般若心経』の教えは最高頂に達したと言ってよいでしょう。

ただし、不生不滅等、八不の世界は、現実世界を離れてどこかにあるのではありません。色即是空であると同時に空即是色であるように、五蘊・十二処・十八界の世界はそのまま八不であり、八不はそのまま世界そのものでもあるのが実相です。十二縁起説は生死輪廻《しょうじりんね》を説明するものであり、四諦説にもその意味がありますが、生死即涅槃であると同時に、涅槃即生死でもあるのです。『中論』もそのことを示していますが、『般若心経』の教説にもそのことを忘れてはなりません。

このことは、無所得に徹底した時（対象的認識を超えたとき）、かえって自由な主体として実現するということを見逃してはならないということです。「遠離一切顛倒夢想、究竟涅槃」ということは、何かはたらきのまったくない寂静無為の世界に入りこむということなのではなく、我にも法《ダルマ》（もの）にもとらわれない、それらにけっしてひきずりまわされない、自由自在な主体が実現していることであるというのが真相なのです。

ところが、この主体はおのずから慈悲の主体、利他の主体となって働くようです。我にもものにも執《とら》われない主体は、おのずから、他者の苦しみが切実に自己の苦しみとも感じられてくるのでしょう。ですから、観自在菩薩の「行深般若波羅蜜多時、照見五蘊皆空」のあと、「度一切苦厄」と出てくるわけです。私は、この「一切苦厄」は自分の苦厄だけでなく、他者の苦厄もすべて含むと解します。「色即是空・空即是色」は、真空妙有、「照見五蘊皆空、度一切苦厄」は真空妙用です。真空妙有では未《いま》だしであり、真空妙用に出てこなければなりません。というより、真空はおのずから妙用となって発するのです。「不生不滅、不垢不浄、不増不減」の「無所得」の境涯、涅槃を究竟《くきょう》した主体は、おのずから「度一切苦厄」とはたらき出すのでした。般若波羅蜜多の大智は、そのまま大悲そのものでもあったのです。

こうして、般若波羅蜜多は、真実の自己を実現するきわめて優れた修行であることになります。この般若波羅蜜多、我も法も空と見る智慧の修行こそを大乗仏教徒はなすべきなのです。布施《ふせ》や持戒《じかい》等も本当に大切ですが、本当に肝心なのはこの智慧の修行です。この修行によって、人は真実の自己を自覚し、このことによってこそ、根本的に、根源的に苦しみから解放されるのです。

そこで、『般若心経』はこの般若波羅蜜多を大いに賞讃しようとします。まず、般若波羅蜜多を説く『般若経』を、偉大な真言だ、比べものにならない真言だ、と言います。真言だというのは、「能除一切苦」、一切の苦しみを除くことができるから、という理由のゆえです。真言は苦しみを除くことを願って唱えられますが、本当に根本的に一切の苦しみを除くことが出来るのは、ほかでもない、般若波羅蜜多を説く『般若経』こそである、という主張です。

さらに、般若波羅蜜多を讃える真言、般若波羅蜜多呪というものが示されます。それは前にも言うように、事実上、大いに般若波羅蜜多を讃歎したものです。

さて、以上のようだとすれば、重要なことは、ではどのように般若波羅蜜多を修行すればよいのかでしょう。しかし『般若心経』にはそのことは説かれていません。もちろん、最後に示された真言を唱える行というものも、たしかに一つ考えられます。これは密教的な修行ということになるでしょう。しかしそれも、具体的にどのようにすればよいかは、この経典だけでは必ずしも明らかでないと思われます。もし本格的に真言読誦《どくじゅ》の行を修行するとするなら、単に唱えるだけでなく、印を結ぶ等、さまざまな軌則を守る必要もあることでしょう。そのことはたとえば空海《くうかい》の言うように、『陀羅尼集経』等に説かれています。ただ密教の修行の場合、本当に真正の師に就いて、口伝等も得て修行しなければなりません。

大乗仏教一般における般若波羅蜜多の修行というものはどのようなものか、これも多少の文献はないわけではない（たとえば『摂大乗論』等）でしょうが、真に具体的な方法となると、あまり定かではないように思います。おそらく、その修行は、各宗の中に、具体的な形をとって伝承されているのでしょう。たとえば禅宗では、坐禅《ざぜん》の中に、般若波羅蜜多を修証《しゅしょう》するあり方が、人から人へと伝えられているわけです。般若波羅蜜多は、我・法の空を了解・洞察・直証《じきしょう》することですが、そのことは、自分に合ったあり方の修行の中で実現していけばよいでしょう。それは、本当に信頼しうる師を尋ね、見出《みいだ》すことから始まるのだと思います。

以上で、私の『般若心経』の解説を終わります。

摩訶般若波羅蜜多、摩訶般若波羅蜜多、摩訶般若波羅蜜多！

おわりに

私たちがよく親しんでいる『般若心経』の訳者とされている玄奘三蔵《げんじょうさんぞう》は、ヒマラヤ山脈を大きく迂回《うかい》してついにインドにまで到達したのでした。そのために、どれだけの砂漠を渡り、どれだけの山稜《さんりょう》を辿《たど》ったか、まったく気の遠くなるような、孤独な旅路であったと思われます。しかし玄奘三蔵の決意は固く、絶対に東に戻らないという「不東」の語をかみしめつつ、まさに不撓《ふとう》不屈の精神によって、やがてカシュミールに、ひいてはナーランダー学園に到達したのでした。

ナーランダー学園では、当時最新の唯識哲学（大乗仏教哲学）を学びます。帰国後、訳出した『成唯識論』には、現代西洋哲学とも十分にわたり合えるような、鋭く深い哲学が盛られています。それは日本では、今に興福寺《こうふくじ》、薬師寺《やくしじ》に伝わっているのです。

もちろん玄奘三蔵はその唯識文献のみならず、ありとあらゆる経論や仏教の文物を中国に持ち帰り、その後、国家プロジェクトとして経論の翻訳事業が始まりました。

その中、玄奘訳『大般若経』は六百巻という膨大なもので、そこにはあらゆる種類の般若経典が収められています。その精髄を取り出したものが『般若心経』であるといって、ひとまずは差し支えないと思います。実は玄奘三蔵はインドに到達する前に、この経典を知っていたとの説もあり、その辺はいささか謎めいていますが、ともかく玄奘訳と伝承される中で、この短い経典には玄奘三蔵およびその仲間たちの仏教に対する深い思いと筆舌に尽くしがたい苦労もしのばれるわけです。

近年、経済の発展、産業界の興隆が人間の目標のほとんど唯一のことと考えられ、哲学や宗教の重要性、人文科学の重要性がともすれば忘れられがちになってきています。そのことは日本だけでなく、世界的に見ても同様の傾向のようです。もちろん、経済の発展は、地球社会のあらゆる人々にとってきわめて重要な課題です。しかし人間にとってもっとも大事なことは、「自己とは何か」を明らめ、「自他を活《い》かす道」を求め実践していくことであり、その根底には哲学がなければならないはずです。そうした中、『般若心経』というこの短い経典が説く思想は、その大きな課題に応《こた》えうるほどの内容を有したものだと思います。このたびの文庫化に際して、もう一度、本書を読み返してきて、あらためてそのことを思わずにはいられませんでした。

しかもこの経典によって、シルクロードを往還した玄奘三蔵の事績が髣髴《ほうふつ》とするという、大ロマンも感じられます。本書にご縁をいただいた多くの方が、この『般若心経』を読み理解していくことによって、人生の大事に思いをめぐらしてくださいますれば幸甚です。

本書はもと、二〇〇三年、大東出版社から刊行していただいた書物を角川ソフィア文庫に入れていただいたものです。このたび、文庫に編入していただくにあたっては、もう一度、本文を見直し、さらに理解されやすくなるよう手を入れてみました。また最終章に付しておいた空海《くうかい》の『般若心経秘鍵』についての段は、煩を恐れ割愛しました。

最後に本書の刊行にご尽力下さいました角川ソフィア文庫編集部の伊集院元郁様はじめ関係の方々に厚く御礼申し上げます。

二〇一七年五月二五日

つくば市　故道庵にて

竹村　牧男

本書は、二〇〇三年七月に大東出版社より刊行された『般若心経を読みとく　仏教入門の第一歩』に加筆修正し改題のうえ文庫化したものです。

般《はん》若《にや》心《しん》経《ぎよう》を読《よ》みとく

二六二《にひやくろくじゆうに》文字《もじ》の仏教入門《ぶつきようにゆうもん》

竹村牧男《たけむらまきお》

平成29年 7月25日　初版発行
令和6年 11月25日　6版発行

発行者●山下直久

発行●株式会社KADOKAWA
〒102-8177　東京都千代田区富士見2-13-3
電話　0570-002-301（ナビダイヤル）

角川文庫 20452

印刷所●株式会社KADOKAWA
製本所●株式会社KADOKAWA

表紙画●和田三造

ISBN978-4-04-400195-7　C0115

角川文庫発刊に際して

角川源義

第二次世界大戦の敗北は、軍事力の敗北であった以上に、私たちの若い文化力の敗退であった。私たちの文化が戦争に対して如何に無力であり、単なるあだ花に過ぎなかったかを、私たちは身を以て体験し痛感した。西洋近代文化の摂取にとって、明治以後八十年の歳月は決して短かすぎたとは言えない。にもかかわらず、近代文化の伝統を確立し、自由な批判と柔軟な良識に富む文化層として自らを形成することに私たちは失敗して来た。そしてこれは、各層への文化の普及滲透を任務とする出版人の責任でもあった。

一九四五年以来、私たちは再び振出しに戻り、第一歩から踏み出すことを余儀なくされた。これは大きな不幸ではあるが、反面、これまでの混沌・未熟・歪曲の中にあった我が国の文化に秩序と確たる基礎を齎らすためには絶好の機会でもある。角川書店は、このような祖国の文化的危機にあたり、微力をも顧みず再建の礎石たるべき抱負と決意とをもって出発したが、ここに創立以来の念願を果すべく角川文庫を発刊する。これまで刊行されたあらゆる全集叢書文庫類の長所と短所とを検討し、古今東西の不朽の典籍を、良心的編集のもとに、廉価に、そして書架にふさわしい美本として、多くのひとびとに提供しようとする。しかし私たちは徒らに百科全書的な知識のジレッタントを作ることを目的とせず、あくまで祖国の文化に秩序と再建への道を示し、この文庫を角川書店の栄ある事業として、今後永久に継続発展せしめ、学芸と教養との殿堂として大成せんことを期したい。多くの読書子の愛情ある忠言と支持とによって、この希望と抱負とを完遂せしめられんことを願う。

一九四九年五月三日